去柏林蹦迪！

摩登天空传媒 · 著

中信出版集团

图书在版编目（CIP）数据

摩登天空. 4, 去柏林蹦迪！ / 摩登天空传媒编著
. -- 北京：中信出版社, 2019.6
ISBN 978-7-5217-0132-6

Ⅰ. ①摩… Ⅱ. ①摩… Ⅲ. ①青年－文化研究－中国
Ⅳ. ①D669.5

中国版本图书馆CIP数据核字(2019)第035643号

摩登天空 . 4, 去柏林蹦迪！

编　　著：摩登天空传媒
策划编辑：孙履冰
责任编辑：程时音
营销编辑：彭博雅
出版发行：中信出版集团股份有限公司
（北京市朝阳区惠新东街甲4号富盛大厦2座　邮编　100029）
承 印 者：鸿博昊天科技有限公司

开　　本：787mm × 1092mm　1/16　　印　　张：14　　字　　数：158千字
版　　次：2019年6月第1版　　印　　次：2019年6月第1次印刷
广告经营许可证：京朝工商广字第8087号
书　　号：ISBN 978-7-5217-0132-6
定　　价：68.00元

GO CLUBBING IN BERLIN

CONTENTS 目录

Published by Modern Sky Communications 出品
北京摩登天空数字传媒科技有限公司
Address 地址
北京市朝阳区广渠路 1 号创 1958 园区 3-12
Building 3-12, Chuang 1958 Park,
No.1 Guangqu Road, Chaoyang District, Beijing
Publisher 出版人
沈黎晖 Lihui Shen
General Manager 总经理
陶雷 Raymond Tao

Content Director 内容总监
伍叁伍伍 WUSANWUWU
Senior Editor 资深编辑
王怡芳 Lemuria
Editor 编辑
刘信达 Jakob Liu
刘正薇 Far Liu
Procution Editor 流程编辑
王怡芳 Lemuria

Guest Editor 特邀编辑
弗拉特卡 · 乔瓦诺维奇 Vlatka Jovanovic
胡楠 Nan Hu
Guest Photographer 特邀摄影
穆静（内文）Jing Mu
韩硕（封面 / 封底）Shuo Han

New Media Editor 新媒体编辑
杨梦迪 Mandy Yang
New Media Manager 新媒体运营
杜晓 Du Xiao
Events Manager 活动运营主管
游粤飞 Faye You

Visual Design 视觉设计
MVM
Art Director 美术总监
李帅 Shine Li
Art Editor 美术编辑
阮天琪 Tianqi Ruan
寇帅 Song Tang
Assistant Art Editor 助理美术编辑
柳文锋 Vincent Liiu
周明楷 Mingkai Zhou
娄芳鸣 Fangming Lou
王菲 Cherry Jam
黄典 Dian Huang
韦莹 Ying Wei

Director 视频编导
木小瓷 Cici
Cinematographer 摄像剪辑
于绍元 Kromo
贺嘉宾 6

Managing Partner 运营合伙人
魏大民 Jeff Wei
Business Development Director 商务合作总监
孔煜 Denny Kong
Marketing Director 市场企划总监
陈璨 Li Chen
Marketing Manager 市场经理
王栩访 Steven Wang

Business Cooperation 商务联络
孔煜 Denny Kong
kongyu@modernsky.com

don't get sleepy
don't let the world pass you by
instead try
to build something great
like modernsky
or try
to drive your 2000
towards the sun
on the horizon
try to enjoy life
try to have fun
together with someone
who truly understands wo
you are
and what you
are trying to
do

Dan K. Sigurd

www.thoughtswithoutconclusions.com

for Modernsky Mag

不要沉睡
不要无所适从
把时间浪费
努力创造一些不平凡
就如摩登天空一般
或者努力
驾驶着你的老爷车
冲向托举着朝阳的
地平线
努力享受生活
努力与真正懂你的人
分享快乐

MODERN SKY

MAGAZINE

MAR.2019
VOL. 15

卷首语

为所有明天的派对

在真正踏上柏林的土地之前，那个地方在我脑子里的形象始终是那个艺名妮可（Nico）的德国女人——她有过不凡的经历，气场强大，声音和表情一样冷漠，听力不太好，所以也不太健谈。她正在一个混响很大的地方，用生硬的英语清唱“地下丝绒”乐队的那首《所有明天的派对》（All Tomorrow’s Party）：那个穷姑娘该穿什么呢？为所有明天的派对……

可是在柏林短短几天的采访却像一场战争，城市在那个时候幻化成了一串英雄的名字——它是科技舞曲的先驱马克·雷德（Mark Reeder），也是街头跳舞运动“爱的大游行”（Love Parade）的创造者莫特博士（Dr. Motte），还是世界闻名的工业摇滚乐队“倒塌新建筑”的主脑碧丽霞（Blixa）、柏林俱乐部文化的传奇福克·沃特（Falk Walter）、著名夜店“别客海”（Berghain）让人生畏的夜店守门人赛文（Sven）、旅居至此的英国摄影师加文·伊万斯（Gavin Evans）……与他们的交谈就像我们的放大镜和助听器，对这里青年文化史一览无遗。同样的，在 SAMEHEADS 充满躁动荷尔蒙的设计师团体中、在“绿房子”（Green House）的一间间艺术家工作室里、在涂鸦艺术画廊“都市狂欢”（Urban Spree）的内部和周边、在无数逼仄却躁动的演出场所和俱乐部中，我们每一秒都在呼吸着柏林以 4/4 拍跳动的空气，感受着它危险且强大的磁场。

在柏林墙周末市场，我们遇到了一个抱着打字机摆地摊卖诗的小伙子，他蹲在泥泞的土地上为我们敲下了左页上那首诗。柏林的春天，气候变化之无常远超我们的想象。狂风、暴雪还有冰雹，我们在短短几天内都见识遍了。所以每当阳光普照，街上的人全都喜形于色——实际上他们很少抱怨。在长达数日的采访里，我们听到最多的抱怨，都是关于这个城市的变化——房租变贵了、游客越来越多、真正酷的人在慢慢离开，这个地方变得越来越“士绅化”。但那又怎么样呢？柏林仍旧伟大，仍旧因年轻而伟大，仍旧因曾经年轻和现在依然年轻的人而伟大。希望通过本书，你也能感受到这种伟大。

要向为我们的采访提供了巨大帮助的媒体人 Vlatka 致敬，没有她就不会有这次奇妙而丰富的采访之旅。她在柏林最大的公共电台拥有一档专门推荐中国摇滚乐的节目，你同样可以在本书里读到她的故事。

离开柏林之后，那里就又幻化成了妮可——她不太老的时候，在伊比莎岛死于一次意外，然后长眠在了柏林。所有明天的派对还在继续，无数的大门正向我们敞开，柏林仍然是一场大 PARTY。在我们真的老去之前，穿上最漂亮的衣服，去柏林蹦个迪！

ENDLESS POSSIBILITIES

Dr.Motte 莫特博士
Techno-DJ, Musician,Label operator
高科技舞曲 DJ / 音乐人 / 厂牌运营者

Mark Reeder 马克·雷德
Musician, Record producer
音乐人 / 唱片制作人

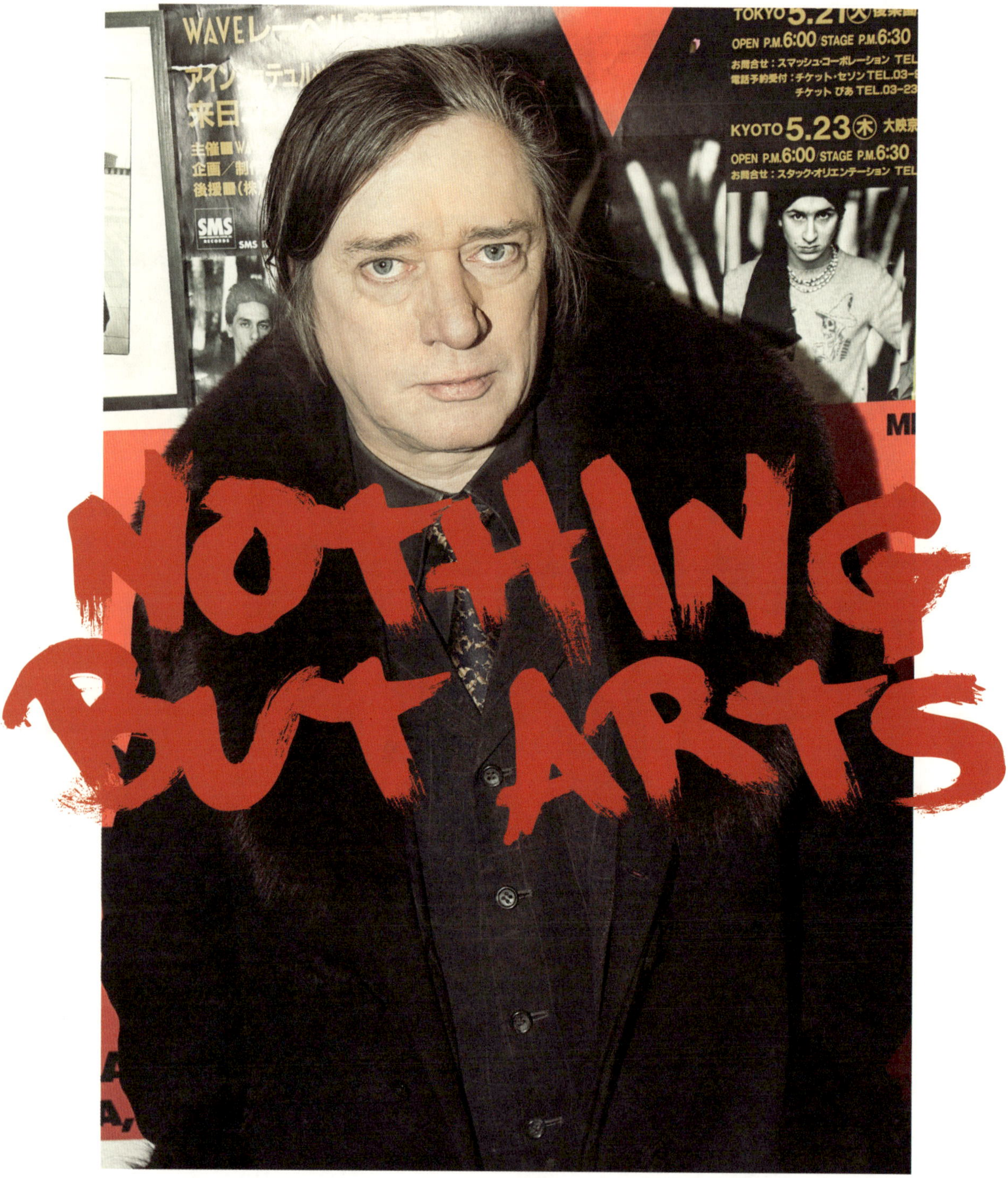

Blixa Bargeld 碧丽霞・巴杰尔德
Musician
音乐人

Sven Marquardt 赛文 · 马奎德
Photographer, Club bouncer
摄影师 / 俱乐部保镖

Andrea & Nicola (FADE OUT Label) 安德烈 & 尼古拉（“淡出”厂牌）
Designer
设计师

Musk Ming 麝明
Artist,Musician
艺术家 / 音乐人

EVERYTHING CHANGED

Falk Walter 福克·沃尔特
Club Culture Entrepreneur
俱乐部文化企业家

Gavin Evans 加文 · 伊万斯
Photographer
摄影师

GO CLUBBING IN BERLIN!

GO CLUBBING IN BERLIN!

GO CLUBBIN

GO CLUBBIN

BERLIN!

CLUBBING
CLUBBING
CLUBBING
CLUBBING
CLUBBING
CLUBBING

O

UBBING

BERLIN!

3/91

CLUBBING IN BERLIN!

LL SOUNDS

RE EQUAL

REEDOM?

CING IN THE STREET

E LONGEST

GHT ON EARTH

G IN BERLIN!

G IN BERLIN!

赛文·马奎德，世界上最严厉也最神秘的俱乐部门卫，他本人构成了柏林最著名的 Berghain（别客海）俱乐部传奇的一部分。但与此同时，少为人知的是他作为摄影师的成就，可能远大于那个酷炫的门卫角色。毕竟在今天，有多少派对上的年轻人曾见过 80 年代的柏林地下俱乐部呢？

BERLIN IS MY HOME AND ALSO MY MUSE

柏林是我的家 也是我的灵感

采访_Vlatko / weiz　撰文_weiz　翻译_洪海沛

1

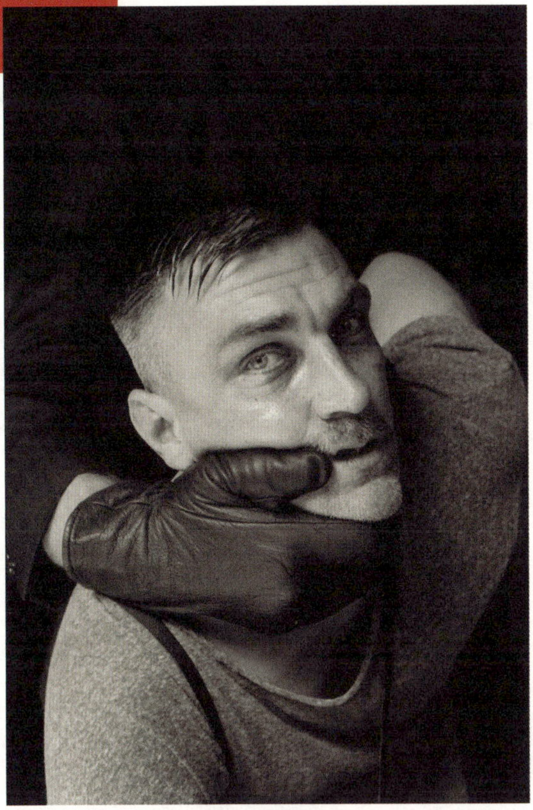

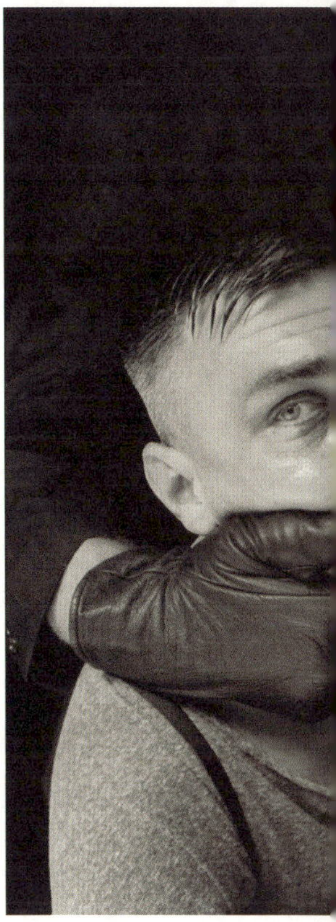

摩登天空（以下简称 M）：东柏林对于作为当时是青少年的你是什么样的？当时年轻人怎么获取音乐方面的信息？ 赛文 · 马奎德（Sven Marquardt，以下简称 S）：当时我们能听收音机，看电视之类的。我觉得当时两边的时代精神还是很相似的。比如有朋克时期的性手枪乐队（Sex Pistols）的磁带等等，还是能获取西方音乐的。

M：当时有黑市或者地下演出吗？ S：有。当时有那种 50 人规模的小音乐会，那时也没有电话，大家也不知道从哪儿听说的，或者就是口口相传。然后可能发生的是，音乐会开始一个半小时后警察就来清场了，然后活动也就终止了。但大家那时都很年轻，充满能量，直接就说“我们继续。滚一边去吧！”

可以说这么做也不是没有危险，毕竟我们当时生活在独裁统治下。

M：柏林墙推倒后，科技舞曲成为城市的主旋律，你觉得这件事背后的原因是什么？ S：我记得当时有嘻哈音乐，还有科技舞曲，此外再没别的音乐流派了。当然后来电子音乐又有了新的发展。但科技舞曲实在是太新了，以至于当时西柏林好多俱乐部都关门了，因为大家全跑这边或者别的好去处聚会庆祝了。

音乐一向是一种情绪的表达，我觉得音乐在这点上帮助了我，但更多的还需要这种过程，一个社会就这么结束了，新的一个社会又诞生了。我觉得很多人还是很难脱离自己的身份。对于我们摄影师来说，这也是我在 20 世纪 90 年代就没怎么去拍照片的原因。更多的时间我花在了去聚会庆祝、去文身等等的事情上，就是想自由自在的。相机一下子对我没那么重要了。一直到我开始在俱乐部做门卫工作后，才又把摄影捡起来了，挺幸运的。

M：柏林墙被推倒后很多俱乐部都搬走了，为什么会这样？ S：主要就是因为有新的开发商来了，把地产买了下来，觉得能在这块地上盖点儿什么新的。这种城市发展中的士绅化进程感觉在哪儿都有，有一些店保留了下来，有的只存在了很短的一段时间。别客海自然算是经典了，但同时也在继续发展。

2

M：您之前想过它会成为经典吗？ S：我觉得没人想过。前两天凯莉·米洛（Kylie Minogue）来别客海开演唱会了——真是让人难以置信——你知道，她就是伴随着同志文化火起来的。

M：20 世纪末的柏林也因为同志文化而闻名对不对？你印象中，当时是一种怎样的场景？ S：当时的环境很开放、很新潮，在柏林还有各种庆祝活动。大家对一个人是什么性取向无所谓，可以无拘无束地任意发展。我觉得这也正是别客海俱乐部前身“东边”（Ostgut）的根基。当时还有只对男性开放的恋物派对。对我来说当时东柏林还是相对自由的，一切皆可能。而人们正是要在这种一切皆可能中找到属于自己的身份。自由也在其中扮演了它的角色，自由也是需要学习的。我在我的人生经历中深有体会，我如何和别的文化相处，别的文化如何看待我的生活，这也是近几年来以我的视角感受到的。

M：你最早开始摄影是在什么时候？一开始拍的是什么题材？ S：1982 年。有很多偶然因素。我当时也不知道会去干摄影这行，我当时在学校里的分数没有达到要求，这在当时的东德是不行的。因为比较偶然的一个机会，我学习了职业摄影。我成为摄影师很偶然，我觉得能这样生活挺好的。

那时拍的全是私人活动，我们当时有个很大的房子，特别便宜，就那么闲置着，窗户也不厚。但我们都不在乎，那就是我们的一块自由空间，那相当于我们的一个小岛。那时有不少被遗弃的没人居住的地方，就那么空着，跟今天比起来可是截然相反。

M：我会很好奇摄影师和门卫的工作，其中有没有冲突…… S：它们之间很和谐。我干的这些活儿，主要都是和音乐家进行合作。当时这么做也算是实验性的。我之前给很多 DJ 拍过照片，然后就有人跟我说，你就在这店里工作，我们何不一起合作一下。

M：你的第一本书叫《未来的过去》（“Future’s past”），您也有过很多同名的展览。为什么您这么喜欢这个名字？未来与过去对您来说意味着什么？ S：“未来的过去”是引用了大卫·林奇（David Lynch）拍的《双峰》（Twin Peaks）中的一句话。我认为“未来”和“过去”这两个词在词汇上本来是矛盾的，但是所有现在的事物，到了未来后又会成为过去。我觉得这么说既很诗意，也很理智、很现实。

M：最近的一个展览是什么样的？ S：我最近在贝鲁特做展览，在那个放着我门卫肖像照的入口展示着一个和马塞尔·德特曼（Marcel Dettmann）合作完成的视听装置——黑盒子（Black Box，参见歌德学院英文报道 A CONVERSATION WITH SVEN MARQUARDT SOMETHING THAT LASTS https://www.goethe.de/ins/lb/en/kul/mag/21182966.html）。

SVEN MARQUARDT

3

4

黑盒子是我第一次与音乐家共同完成的装置，它涉及了柏林的俱乐部文化。马塞尔·德特曼是个年轻的帅小伙，也是个全球很著名的 DJ。他和我 2015 年曾在巴西一起办了一个叫“柏林时代精神”（Zeitgeist Berlin）的展览。
当时还展出了鲁德尔项目（Rudel）中一些规格很大的照片。为了这个项目我从 2011 年开始给我的同事拍照。其中涉及到整个团队，不只一个人，其中有 DJ、酒保等等。我给这些人拍肖像照，其中有 11 幅在贝鲁特展出了，就是在一个很大的仓库里，和黑盒子分开摆放，再伴随着音乐，看着感觉呈现出对角线状，很经典。

M：贝鲁特？哇，这对我们来说是一个全然和摄影、艺术无关的地方……S：说到贝鲁特，当时活动的邀请函寄到时，我也很惊讶，心想居然会被邀请。我之前只是从新闻上听说过那里，知道 1975 年到 1990 年的黎巴嫩内战。当时 16 个不同的宗教人士试着在同一个地方共同生活。在这个城市中还是能感到一种踪迹，一种虽狂野但充沛有力的魅力，也伴随着一些破碎感。这种感觉很真切，到处都能见到那个年代的痕迹。城里充斥着当年战火的印记，在那里穆斯林一方遭到了基督教一方的冲击。可以说，能够带着我的照片到这个城市去参展，是一种对我工作以及人生很大的证明。
展览上一般都有个艺术家访谈，当晚还有个主持人，大家聊了一两个小时。我觉得这个展览很现代、很开放。我们中间还有一天去了趟的黎波里。那里自然是比较传统。在那边我们还被告知，或许最好还是先待在车里。那边很不一样，但这样挺好的，有种很吸引人的陌生感。

M：你会怎么定义自己的照片？其中的粗粝质感和黑白反差对你来说意味着什么？ S：我的照片主要是表现 20 世纪 80 年代东柏林的场景，体现了一种当年的时代精神，人物一向是画面的主角。
我目前正在准备一个艺术家驻留（Artist in Residence）的新项目（参见 http://livinginbelgrade.com/sven-marquardt/）。这将是我第一次在柏林以外的地方拍摄，以往的照片都是出自柏林的。但是我 5 月份会去塞尔维亚首都贝尔格莱德并在那边待上 5 周。我也将首次试着在这个项目中，和陌生人去交谈，比如在大街上、咖啡馆里等。对我来说贝尔格莱德是个挺大的城市。

M：如果让你用一句话形容柏林，你会怎么说？ S：首先是家乡，然后一直是灵感。这个城市也有许多变化，因为我之前一直在旅途中，别客海也是。

6

7

注：标号 1—7 的图片均为**赛文·马奎德**的摄影作品

MARK REEDER MUSIC SMUGGLER

马克·雷德 音乐走私者

采访 / 撰文_幺娥 **翻译**_理智 **摄影**_穆静 **撰图**_马克·雷德

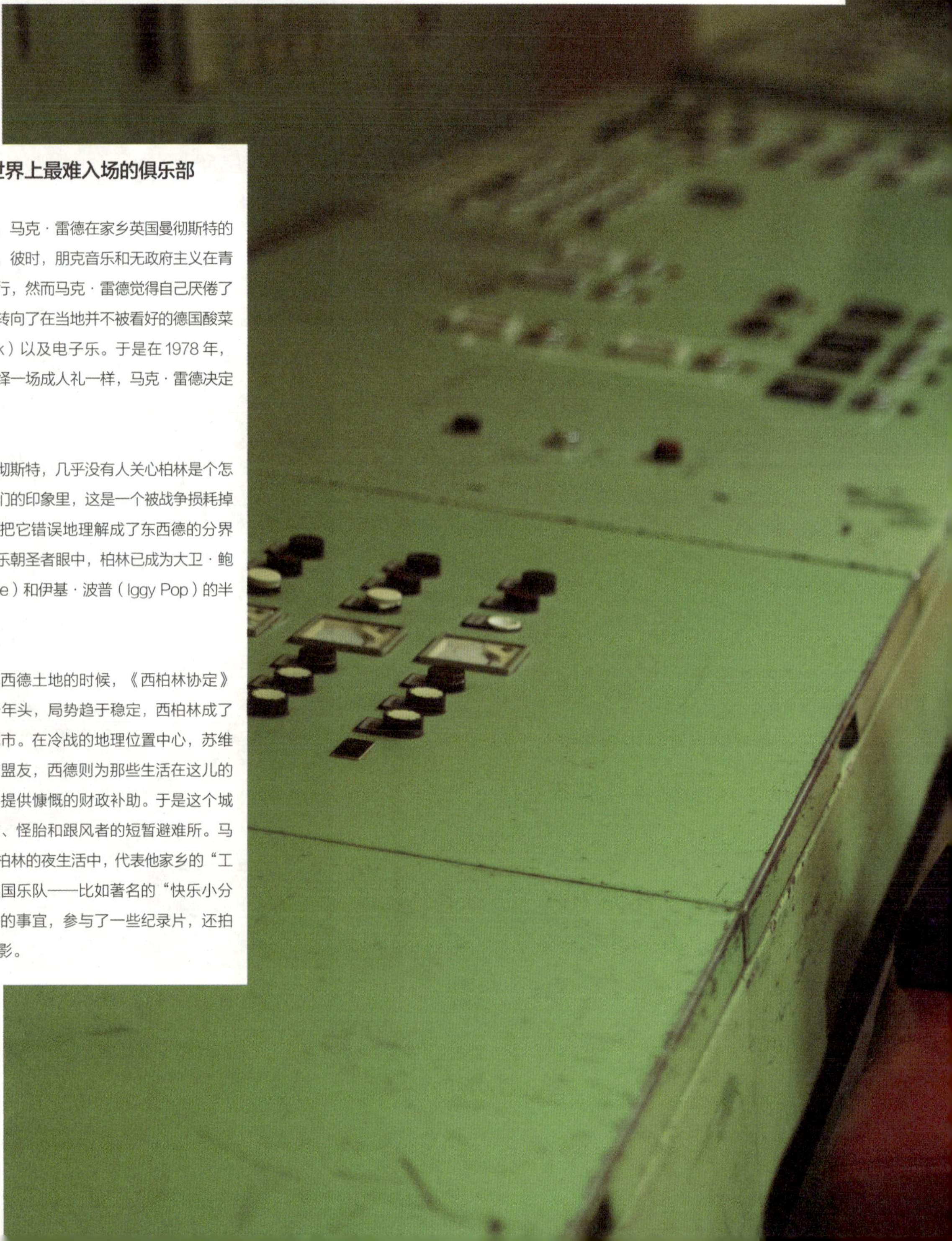

东柏林就像世界上最难入场的俱乐部

在去往柏林之前，马克 · 雷德在家乡英国曼彻斯特的一家唱片店打工，彼时，朋克音乐和无政府主义在青年文化中十分流行，然而马克 · 雷德觉得自己厌倦了朋克，他的兴趣转向了在当地并不被看好的德国酸菜摇滚（Krautrock）以及电子乐。于是在 1978 年，仿佛要为自己演绎一场成人礼一样，马克 · 雷德决定到柏林去。

那个时候，在曼彻斯特，几乎没有人关心柏林是个怎样的城市，在人们的印象里，这是一个被战争损耗掉的城市，有人还把它错误地理解成了东西德的分界线。然而，在音乐朝圣者眼中，柏林已成为大卫 · 鲍伊（David Bowie）和伊基 · 波普（Iggy Pop）的半神话家园。

马克 · 雷德踏上西德土地的时候，《西柏林协定》已经签署了 7 个年头，局势趋于稳定，西柏林成了一座被圈养的城市。在冷战的地理位置中心，苏维埃试图挤压西方盟友，西德则为那些生活在这儿的免于服兵役的人提供慷慨的财政补助。于是这个城市成为了艺术家、怪胎和跟风者的短暂避难所。马克 · 雷德投身到柏林的夜生活中，代表他家乡的“工厂唱片”运作英国乐队——比如著名的“快乐小分队”——在欧洲的事宜，参与了一些纪录片，还拍摄了一部色情电影。

ABOUT

MARK REEDER
马克·雷德

生于1958年的英国曼彻斯特，音乐人、录音师和唱片制作人。前快乐小分队乐队（Joy Division）调音师，传奇厂牌工厂唱片（Factory）德国代理，赶时髦乐队（Depeche Mode），宠物店男孩（The Pet Shop Boys）、新秩序乐队（New Order）合作混音师。自1978年以来一直在柏林生活和工作。1981年，他组建了黑暗合成器乐队“未知数”（Die Unbekannten），并于1984年组建乐队“鲨鱼维加斯”（Shark Vegas）。1990年，他创立第一个东德电子舞曲音乐厂牌“千秋大计”（Masterminded For Success，“MFS”）。马克·雷德的音乐生涯已经跨越了30年，影响力广泛散布在当代音乐流派中。

B-Movie: Lust & Sound in West-Berlin 1979-1989
B级片：西柏林的欲望与声音 1979–1989
2015

摩登天空（以下简称M）:70年代去柏林的时候，最初的目的是什么？ 马克·雷德（以下简称R）: 我原本只是想去看看柏林长什么样，买点儿德国摇滚（Krautrock）尖货唱片。1976、1977年那会儿我去过联邦德国，遇见的人总找各种理由不让我去柏林。想必是因为他们曾经的首都成了被东德包围的一块飞地和废墟，到处是逃兵役的、男同性恋和颓废派，他们觉着有点儿没面子。何况柏林也不近，要去就得穿过赤色阵营。他们越不让我去，我就越好奇。1978年，我终于去成了，这一去就再也没离开。

M：你去的时候又不会说德语，一开始怎么过的？

R：哈，可逗了！我会的只言片语都是从二战电影里学来的，比如“Achtung（注意）！”“Raus（出去）！”“die Englander（英国人）”“Haende Hoch（举起手来）！”之类。为了学德语，德国人只要跟我说英语，我就不接茬儿。我说，要是连你们的语言都说不了，我怎么能完全了解你们的人呢？一开始我只能连蒙带猜、胡言乱语，但我想象自己活在战争片里，为了躲避盖世太保，必须装得像德国人一样。

Blixa Bargeld (B-Movie)
碧丽霞
摄影 _ Ilse Ruppert

ABOUT B级片

瘦削的碧丽霞（Blixa Bargeld）在“危险酒吧”将客人们弄得醉醺醺；严肃的尼克·凯夫（Nick Cave）在柏林家中的墙上集满了“德国哥特音乐”海报…… 在围墙和防火墙之间，在新式和旧式建筑之间，在马尼亚 D（Mania D）和韦斯特班姆（Westbam）的音乐之中，来自英国曼彻斯特的音乐人、厂牌制作人和军事狂人马克·雷德为柏林的电子乐所着迷，于 20 世纪 70 年代末来到这里。所幸的是，他所经历的一切都被影片记录了下来。

M：你说过“每样东西都是西德政府在出钱补贴”，能否具体说说，政府都做了什么？另一边（东德）的政府呢？ R：西柏林不是西德的一部分，而是在同盟国管辖下实行自治。西柏林政府要花钱维持城市运行和穿过东德的通道。为了保证有人居住，政府减免本地人和外来人口的税收，为新婚夫妇提供免息贷款，一切激励政策都是为了吸引尽可能多的人到西柏林去。西方军队也需要待在那儿的理由：为了保卫被共产主义包围的自由前哨。柏林名义上是非军事区，所以西德男性只要搬到西柏林就能免服兵役。而在另一边，东柏林则被东德政府定为德意志民主共和国的首都。

M：伊基·波普（Iggy Pop）曾经说过“（柏林）墙是美丽的，它创造出了一座奇妙的岛屿，就像海里火山形成的岛一样。”你到西柏林的时候有同感吗？ R：那当然了。可能不是立刻，但住了一阵子，我就意识到了墙真正意味着什么。它是我们自由表达的保障，那应该不是军队或者当局所想的自由。军队只不过是需要一个插在东德正中间的理由。

M：你说过“东柏林就像世界上最难入场的俱乐部”，你为什么会把东柏林比作俱乐部呢？ R：因为人们知道我打这个比方时是在说什么，我确实觉得去东柏林就跟进一家俱乐部一样：有守卫，有着装要求，要搜身，啤酒券（东德马克）得用硬通货币换，进去了还不准摄像拍照。我总想偷带点儿东西（比如“死裤子”乐队的专辑磁带）过去，要是你看着就像个朋克，他们肯定不让你进。搜身的时候要是被发现夹带私货，就禁止进入。我觉着，跟现在想进别客海俱乐部（Berghain）【注释：柏林著名的科技舞曲俱乐部，位于腓特烈斯海因区，因举办性自由度极高的舞会而严格限制来客】差不多。

告密者都是你的朋友

对于大部分居住在西柏林的人们来说，东柏林并不是个很有吸引力的地方。但马克·雷德偏要过去凑凑热闹。他曾误入“五月游行”（May Day）被编排好的队伍中，随成千上万东柏林人从德国统一社会党总书记埃里希·昂纳克（Erich Honecker）和其他东德领导人面前走过，并在兴冲冲地举起相机时被监视他已久的秘密警察带走问话。

随后他也多次去往东柏林，走私摇滚乐队的盒式磁带，在当地跟朋克打扮的年轻人搭讪，并和朋友在教会的帮助下偷偷地在东柏林办了两次朋克乐队演出。不仅如此，他还牵线让来自东柏林的无名乐队出现在了英国音乐节目中，这是历史上第一次，共产国家的地下乐队“反向进口”资本主义媒体。

M：你在 1982 年把德国朋克乐队“死裤子”（Die Toten Hosen）偷运到了东柏林。那是首次西方朋克乐队在东柏林的演出，伪装成宗教活动。这主意是哪儿来的？那两场演出还有什么有意

Die Toten Hosen
死裤子乐队
1988
摄影 _ Holm Friedrich

DIE U
KANI

思的细节吗？器材是哪儿找来的？ R：一次我偶然在柏林一家酒吧遇到一个看起来有点儿嬉皮的家伙。他听我跟人聊了一会儿，发现我是英国来的，就来搭茬了，主要是聊音乐。他跟我说他有把电吉他，这在东德可是稀罕玩意儿。他解释说，你不能随便进一家商店，买把电吉他，就开始搞乐队了。实际上根本就没有乐器店卖这东西。在东德的五年计划里，冬天要生产凉鞋，夏天要生产靴子，但完全没有生产电吉他、音箱和连接线的计划。不但如此，你得有许可证，才能拥有电吉他并在公共场所演奏，要想获得许可证，就得在一群老头面前弹一段，由他们打分决定弹得够不够好、有没有拿证的资格。有点儿像今天那种电视选秀节目。最早，这些评估你音乐能力的人都是东德的社会精英：前矿工、建筑商或者建筑工人等等。过了 10 年，终于变成一批确实还懂音乐，能听出好坏的人。不过无论是谁，你的命运就是他们说了算。

不过，这个嬉皮告诉我，他有办法绕开许可证法。他说他的吉他是别人送的，他每月在一个教会演奏一次所谓的蓝调弥撒。基本就是他用吉他弹点儿鲍勃 · 迪伦（Bob Dylan）或者艾瑞克 · 克莱普顿（Eric Clapton）的歌。东德当局认为那个教会在不出声地对抗他们，所以你如果参加教会，就会被当作是在表达反对，然后就会被史塔西【注：德意志民主共和国国家安全部的简称】盯上。对于东德政府来说，只有一种宗教：共产主义。但东德有几百万天主教徒，不能像在俄国或罗马尼亚一样，把教会一关完事，这点他们也知道。当局容忍教会的存在，而教会则利用其特殊地位，搞些蓝调弥撒之类的晚会。

我一听这事，胆子就大起来了，跟朋友一起去见牧师，问他能不能让我们乐队“无名者”（Die Unbekannten）在那儿演出。几个月前，我们刚在捷克斯洛伐克秘密非法地演了一场，之后我一直想办法在东柏林再这么搞一次，一看机会来了，立刻跳了出来。那位牧师对我的主意表示相当欢迎，跟我说了说蓝调弥撒是怎么回事：“那不是演出，而是宗教活动……是要祈祷的。”我不在乎，我根本就不信教，就是想演出而已，但我同意了。可惜，我东德的朋友们谁都不愿意让我用他们的录音机，因为录音机对于每家东德人来说，就像是圣物一样，又难买又贵——因为能录敌台啊。要是我们演半截警察冲进来，器材肯定会被没收，没人愿意冒这种险。所以我只好重新考虑。

我和死裤子巡演的时候问他们，要是我能安排的话，有没有兴趣来这么一出。他们胆儿都挺大，同意了。

我让朋友认真地考虑搞西方朋克乐队秘密演出可能的后果，如果被抓了，我最坏的结果是被民主德国驱逐，永远限制入境，从此没有音乐磁带和乐队拿访。但对于他们，我强调，一旦被抓，他们的生活可就再也回不来了。他们说心里有数，已经准备好冒这个险了。大概冒险的刺激对于他们来说是无法抗拒的吧。他们想要体会我每次入境时的感觉。

搞演出器材是另一件麻烦事。我的朋友们到处打听，最后找到一个叫“没计划”（Planlos）的朋克乐队，愿意让我们用他们的设备。他们有一个音箱、一把贝斯、一把吉他和一套鼓。二琴是找“感觉乙”（Feeling B）的队员之一借的，那人【译注：克里斯蒂安 ·“弗拉克”· 洛伦茨（Christian “Flake” Lorenz），后成为战车乐队键盘手】后来组了战车乐队。经过严格挑选，我们只邀请了 30 个信得过的朋友来这场机密级的演出。当我们发现真办成了，没出岔子的时候，实在是太激动了。我的主要目的是为我东德的朋友们带来快乐和希望，能实现这一目的让我非常高兴。

那会儿我还不知道这次演出对于整个东德朋克运动有多重要。后来，我发现那是头一次有西方乐队胆敢在东德非法演出。一传十、十传百，民德的朋克们都跑去问当地的牧师能不能在教会演出。牧师们当然也高兴啊，教会一下来这么多年轻人。

过了 5 年，1988 年在东柏林潘科（Pankow）区一家教堂的墓地，又以"献给罗马尼亚饥饿孤儿"的名义办了一次"死裤子"秘密演出，也还是只邀请了 30 个朋克来，化名乐队叫"视觉"（Die Vision）。

同一时期，我跟一个热爱朋克音乐的美国大兵交上了朋友。他有辆汽车，能毫不费力地偷运东西穿越东 / 西边境。所以我们能带上"死裤子"们自己的吉他，还带来一台摄像机。

到了教堂一看，已经有大概 600 号人了，警察正在跟前等着。牧师告诉我：当局说了，不让"死裤子"演出。我说行，那你就跟人们说吧，"死裤子"不能演了，但演出的是另一支来自德累斯顿的乐队。他怀疑地看着我，说德累斯顿哪支乐队啊？我跟他说，警察反正不知道"死裤子"长什么样。他一宣布，人们大失所望，纷纷离场。我满大街追着让他们回去欣赏"来自德累斯顿的精彩乐队"。在我们的诡计败露前，死裤子们硬是演了将近一个小时。

M：你提到过，东柏林有喜欢朋克音乐的年轻人帮过你，但也有向史塔西告密的，是他们把你们活动的消息捅给秘密警察的吗？ R：当然了，到处都有史塔西的密探。没错，是他们告发了我们的事，但他们也别无选择，有时候他们得跟当局妥协，被迫告发朋友，才能自保，虽然他们内心是朋克，也想看非法的朋克演出。所以一般都是等演完了才报告当局，说他们也是当天才发现的，没时间反应。

NBE-
TEN

Joy Division & Mark Reeder
快乐小分队乐队和马克 · 雷德
摄影 _ Hohe Quali

M：说说“视觉”乐队的事吧，还有泉眼大街（Brunnenstrasse）上的“女朋友”（AMIGA）录音棚。那不是个东德国有唱片厂牌吗，怎么会允许你接触东德独立乐队的？ R：“视觉”是东德第一支正经的独立乐队，也是唯一一支民德政府允许用英文演唱的乐队，因为他们歌手在洪堡大学学英文——至少官方是这么说的。实际上，因为史塔西想要监视我，所以就让乐队歌手请我制作他们的专辑。我于是坐进了史塔西老窝里。视觉是支挺有争议的乐队。帮死裤子第二次去东柏林教堂墓地非法演出的就是他们，我几年前就知道他们。“女朋友”是国家在他们流行开以后成立的厂牌。国家的想法是，如果禁了他们，就会把他们变成传奇和殉道者，不如签了他们，还方便控制。

乐队请我去东柏林“女朋友”录音棚制作他们的第一张专辑，我迫不及待地同意了。“女朋友”在泉眼大街一座原先是电影院的楼里，是东德为了跟汉莎录音棚（Hansa Tonstudio）【注：在西柏林】对着干建的，离柏林墙东侧很近，街上常年有民警巡逻，走去录音棚就跟被鞭子一路抽过来一样。跟汉莎相反，“女朋友”特别不张扬。你从玻璃门跟前走过，可能永远都想不到门后就是一间巨大的录音棚。棚里堆满了老式的诺依曼麦克风和20世纪60年代晚期不知哪个四年计划时期买的设备，像是原装的“美乐醇”（Mellotron）合成器、六几年产的芬达“斯特雷特卡斯特”（Stratocaster）型电吉他。那年（1989年）早些时候，民主德国政治发生了重大变化，数以千计的东德人从匈牙利逃到奥地利投奔自由去了。

我们开始制作“视觉”专辑的时候，东德正在土崩瓦解中。

我原来的设想中，做这张专辑需要大概六星期，但实际时间要长得多。当时动不动就停电，一停，磁带机之前录的好多都抹了，都得重录。乐队回家以后，我就得加夜班，重录白天没录上的吉他和其他乱七八糟的东西。最后终于在1989年11月2日录完，就剩下最终混音了，我决定放两周假。11月8、9日夜里，我跟几个英国朋友出发去罗马尼亚，过了俩礼拜回来的时候，柏林墙已经不在了，一切都不再是原来那样了。那张专辑最终是在西柏林的“多声”（Vielklang）录音棚混的，所以算是第一张东西合作专辑吧。我给那张专辑起名为《折磨》（Torture），因为其诞生过程名副其实。专辑封面也是我设计的，描绘了两名非洲奴隶因为工作不够努力而被砍掉双手，十分血腥，备受争议。

M：当局审查“视觉”的歌了吗？ R：当然审了。做专辑的时候所有歌都录成了磁带小样，以便“女朋友”的艺人和作品部审查。那些唱片厂牌都一样，什么都得批准，歌词要提前检查。所以我一开始就找了我朋友、作家戴夫·李默（Dave Rimmer）一起检查歌词，几乎把所有词重写了一遍，塞进各种双关、隐喻什么的。艺人作品部的人不知道这事，也没检查，之前歌词已经被一个委员会批准过了，那委员会由一批穿着棕色西服的老家伙组成。

一天下午，艺人作品部的人兴奋地告诉我专辑预售超过了32 000张，问我打算怎么花这笔钱。我一点儿打算都没有，因为那笔钱都是东德马克，出了东德一文不值。一天夜里下雨，录完东西，他开车带我上东柏林潘科的高级住宅区转悠。那儿又名沃尔沃格勒（Volvograd）【对伏尔加格勒（Volgograd）的戏仿——译注】，住那儿的政客、体育明星和社会主义英雄都很有钱。他指着一座又一座空别墅说，我可以买这座或者买那座……就跟在做一个超现实的梦一样。我一直在想，这是不是意味着我必须搬到东柏林来了？太奇怪了。

M：说到史塔西一代的孩子，有的文章里说他们不认为自己是受害者或作恶者——但他们早年的生活是和史塔西体系密切交织的。你有没有注意过你们那拨人里有没有间谍，有没有发现自己始终受到监视？ R：每个人都是潜在的告密者。我觉得我刚到东柏林第一天就被盯上了。当时我在地铁站碰上一个看着挺朋克的孩子，问他知不知道东柏林哪儿有地下演出。他摇摇头，说哪儿都没有，什么都禁止了。我给了他我的地址，说哪儿要有演出就写明信片告诉我。我说，只要写上日期和地铁站就行。后来，我发现这孩子是史塔西的线人，而从在地铁站开始，我就被盯上了。毕竟，我在他们眼里可是敌国来的，我总觉得在东柏林行动就跟在《胜利大逃亡》（The Great Escape）的场景里一样。

我觉得我朋友圈子里的人大概还可以信得过，但你永远不知道，他们也绝不会说（自己是不是线人）。

有一天，我朋友里突然冒出一个老派朋克，特别起劲地想要讨好大家，到哪儿都有他，无论我的提议有多危险，他都随时响应。这很可疑，因为工农国家里人人都得上班，可他不用。柏林墙倒了以后，我申请看我的史塔西档案，但只允许看一部分。我特想看看他们都知道什么、不知道什么，当然还有：谁是史塔西的线人。可惜，那部分档案不让我看。不过后来，我从另一个特铁的朋友的档案里发现了谁是卧底。

M：史塔西档案开放以后，你跟告密者聊起过他们的感受吗？ R：聊过。我见过几个，因为我们想对比和核实一下各自的怀疑和发现。对于我们发现的人和事，我们都挺没想到的，我也得以把几件事联系起来，琢磨出我自己档案里没让我看的一些部分。

Mark Reeder
马克·雷德
年轻的马克在勃兰登堡门
（当时已成为德国分裂的标志）

M：你说过在东柏林的时候，史塔西的秘密警察一直跟着你，你是怎么知道他们是特工的？ R：我不是发现有特工在跟踪我，而是认定他们无处不在，随时准备告密甚至逮捕。他们在街上不穿制服——可能有些穿，毕竟史塔西也是国防力量的一部分。我在《1984》等书里读到过秘密警察是什么样的，如今来到一个真正的这种国家来，眼见为实，也让我更警觉了。有一年五一，我决定参加社会主义工商联在卡尔·马克思大道【注：Karl-Marx-Allee，东德每年五一、国庆在此举行游行和阅兵 / 六一七事件发生地】的游行，一等到游行队伍出现了一个小空子，就溜进了手持康乃馨的人群里。走近埃利希·昂纳克（德意志民主共和国领导人、德国统一社会党总书记）所在的主席台时，他正站在那儿向台下的工人阶级致意，我想，这是个好机会，能以参加群众的角度给他拍张照片，结果刚举起相机按下快门，就被两个穿着人造革夹克的巨型史塔西一把薅走带去盘问了。我还以为我上了他们的名单，但他们打了一圈儿电话，很快就放我走了。后来我看了我的档案，知道了为什么。他们那是欲擒故纵，抛砖引玉，所以无论是警察还是边防，都提前打过招呼，让我走。

实际上，每三个人里就有两个是史塔西的线人，所有局里人都被政治勒索着你死我活。基本上，你要是不这么干，就会失业，失去太平的日常生活。连夫妻之

THE PASSENGER

Iggy Pop and Esther Friedman
伊基·波普和埃斯特·弗莱德曼
Berlin
1976

Nick Cave
尼克·凯夫
Berlin
1985

间都相互告发。对于一个斯大林式的极权国家，你还能指望什么呢？倒也不是说你走到哪儿，告密者和间谍就跟到哪儿，没那么戏剧化，但间谍确实就在你身边。他们装作侍者、店员，出现在火车、公交上，用英语跟你搭话，或者什么也不说，就听着。比方说你要是下馆子，有人坐得离你特近，我就总会想，这人坐那儿肯定是为了偷听我说什么。然而在现实中，告密者都是你的朋友。

M：你被秘密警察拘了以后呢？
R：他们就只是打个电话，或是消失片刻，然后回来告诉我，我可以走了。后来我看了我的史塔西档案，发现我被归为具有高度颠覆性的一类，当局认为我有一整套腐蚀东德青年的计划日程。他们想知道我的朋友和联系人都有谁。他们没想到，我唯一的计划就是带给我的朋友们音乐、快乐和希望。我既不想杀人，也不想改变谁的政治观点，只想尽可能地让他们听到牛X的音乐。

M：说说你所记得的查理检查哨（Checkpoint Charlie）吧。R：查理检查哨看上去就像一座没有油泵的加油站，哨塔很壮观，戳在马路和人行道正中间，一路走下去就是边检和海关，定期换人。哨所墙上铺着墙纸，挂着古典绘画的复制品，画着莱比锡和德累斯顿的风景，地上是胶木复合地板，有盆栽、有纱帘，想塑造成会客室的样子。边检的人都拉着脸，看谁都像下三滥专栏记者，好像时刻准备颠覆他们政府。关于出入境有不少谣传，有个美国兵告诉我，每辆出入东柏林的汽车都要用X光扫一遍。

M：你说你在墙倒了以后看了自己的史塔西档案？有多少页？里面都写了什么？
R：我不知道。只允许我看很少的一部分。最近我又申请看，但又被拒了。

M：那会儿怎么能看到史塔西档案？你看过其他人/音乐家的档案吗？R：墙倒了以后，德国政府建立了史塔西档案管理局（BSTu），你只要申请，等上5年左右，就可以看了。我的档案很薄，我得交叉对比其他朋友的（档案），才能拼凑出史塔西不知道的事。

他们来了又走了……

1976年，大卫·鲍伊和伊基·波普为了戒掉可卡因，离开美国西岸洛杉矶来到柏林，他们试图在这片土地上找到音乐上的新突破。而最初，马克·雷德来到柏林的原因之一即是追随鲍伊一行人的脚步。“柏林三部曲”中《英雄》（Heroes）等歌曲的广泛传唱让马克·雷德发现了一种可能性：既然他们能在柏林发现些有趣的东西，那么我也能。到柏林之后，马克·雷德打算在第一时间拜访鲍伊，然而此时鲍伊刚刚离开柏林。后来，马克·雷德把“快乐小分队”带到这个城市，孵化了一些朋克乐队，在机缘巧合之下还把尼克·凯夫（Nick Cave）“拐”来柏林，将自己的空余房间租给了他。

M：你在哪儿、怎么遇见尼克·凯夫的？他又是什么时候为了什么去柏林的，后来为什么又走了？R：我是在跟“皮肤”乐队（Die Haut）巡演的时候碰见尼克·凯夫的。“生日聚会”乐队（The Birthday Party）在柏林演出过，巡演的时候我跟他们说，生活在柏林是如何的妙不可言，如何便宜——每间酒吧都开到你醉倒。要酒有酒，要药有药，样样东西都有补贴。尼克问住哪儿，我说你来柏林先住我那儿，什么时候找着房子了什么时候搬就行。过了几星期，他就扛着俩破箱子站在我门口了。他一来就受到柏林地下演出界的热烈欢迎，我觉得那可能改变了他的人生。

M：你到柏林的时候去过大卫·鲍伊（David Bowie）和伊基·波普（Iggy Pop）的公寓吧，他们家是什么样的？
R：我原以为大卫的三室一厅得是特简单、特艺术那种，弄点儿雕塑，墙刷得跟医院一样白。但其实他家跟新科尔恩区（Neukoelln，在西柏林）普通的工人阶级公寓没什么两样，贴着20世纪70年代常见的墙纸，带铜花和条纹装饰，屋里铺着便宜的米色地毯，也就厨房看着还现代点儿。伊基的公寓则在一栋楼的后半部分——Hinterhof（后院）里，地方要小很多。墙是白的，白色的地板都刮花了。厨房里堆着几百个胡萝卜汁瓶子。我开始以为那是什么装置艺术，后来才发现，那些瓶子就没拿回去过。伊基衣柜里的T恤、穿旧的靴子和鞋都冒出来了。其他家具就一沙发、一箱子，箱子上放了一电视。

M：在柏林跟“新秩序”（New Order）乐队处得如何？R：1980年早些时候，我终于说服“快乐小分队”（Joy Division）来到柏林，伯纳德【注：伯纳德·萨姆纳（Bernard Sumner），音乐人，先后组建了“快乐小分队”和“新秩序”乐队】一来就爱上这儿了。伊安【注：伊安·柯蒂斯（Ian Curtis），“快乐小分队”乐队的主唱，于1980年5月自尽，时年23岁】死后，那里对于他是个避难所。我带他去诺兰多夫广场（Nollendorf Platz）的大都会（Metropol）同性恋迪斯科听了当时我正在听的俱乐部音乐，还经常给他寄磁带和

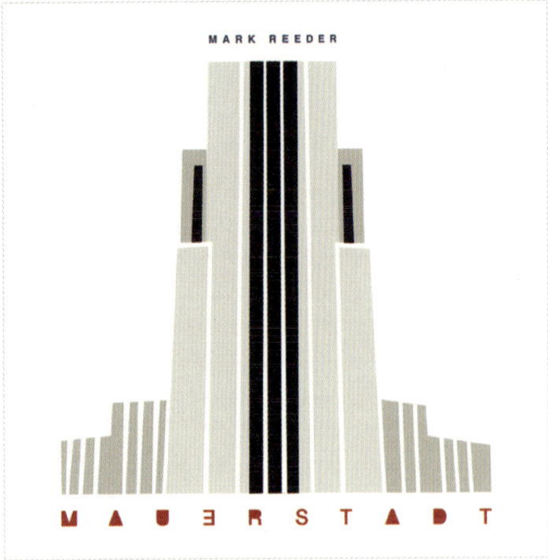

Mauerstadt
Mark Reeder
墙的城市
马克 · 雷德
2017

唱片，都是我在大都会听到的。我想着能对他有所启发，让他从之前乐队的声音里走出来，虽然我也挺喜欢他原来的乐队。《忧郁星期一》（Blue Monday）就是这么来的。

“真正的德国统一”是在舞池中完成的

柏林墙倒塌的时候，马克 · 雷德正在东欧旅行。听到这个消息后他很快返回到柏林，但他发现生活并没有很快地发生戏剧性的变化，人们和往常一样，穿着球衣、磨损牛仔裤、运动鞋，只是的确有什么东西变得不一样了。随着城墙的开放，在边界附近无人居住的地区，例如燃料店和发电厂的废墟突然成为俱乐部场馆。一种名为科技舞曲（Techno）的新型电子舞蹈音乐诞生于柏林。

科技舞曲成了象征德国的新音乐。由于墙倒塌，东柏林和西柏林的人们在从前的无人区相遇、跳舞。冷战结束后，核战争破坏的威胁停止了，国家的分裂结束了。马克 · 雷德认为，在 1990 年 10 月 3 日两德正式宣布统一之前，舞池中已然实现了“真正的德国统一”。

此时，音乐成为了一种精神补给，马克 · 雷德为了给年轻人带来更多好听的音乐，创立了电子厂牌“千秋大计”。

M：墙倒了以后紧接着发生了什么? R：我吗? 我的生活变了。那会儿我正在东柏林做一张专辑，突然墙就没了。于是我在以前国有厂牌“女朋友”（AMIGA）残余的基础上成立了自己的厂牌 MFS（Masterminded For Success，“千秋大计”），发行了“宇宙婴儿”（Cosmic Baby）、艾伦 · 阿莲（Ellen Allien）、“有效力”（Effective Force，约翰尼 · 克里梅克 Johnny Klimek）、保罗 · 范 · 迪克（Paul van Dyk）和“莫特博士”（Dr Motte）等艺术家的唱片。

M：你为什么管自己的音乐厂牌叫“千秋大计”（Masterminded For Success）? 这是一种幽默吗? 你见过人听见这名字想到史塔西的反应吗? R：起这个名字纯粹是为了首字母 MFS——那正好是史塔西正式名称“国家安全部”（Ministerium für Staatssicherheit）的首字母。是一种英国黑色幽默。我不想让人忘了史塔西，东德家长要是看见孩子穿着 MFS 的 T 恤在家里转悠，肯定如坐针毡。

M：科技舞曲是怎么流行起来的? R：就是它发展的机缘吧。要不是柏林墙倒了，科技舞曲可能始终就是一小圈子俱乐部迷挤在不明飞行物（UFO）俱乐部里听的东西。墙一倒，这一切都变了，就跟开了闸一样，那帮东德孩子终于可以选择他们想听的音乐，而不用听国家命令他们听的了。德国的统一早在政治上宣布之前，就已经在柏林俱乐部的舞池里实现了。而且，科技舞曲是一种生活方式，而不仅仅是几张唱片。无论东边还是西边，它都是新鲜东西，所以这种新的音乐风格立刻成了群众运动，一时间所有人都想成为这事件的一部分。而且这音乐也挺德国的。它一直在发展，都过了 30 多年了，仍然是想要跳舞和嗑药的人会选择的音乐，这挺令人震惊的。

20 世纪 80 年代**全女性成员的德国实验电子乐队“疟疾！”**（Malaria!）

M：你能跟我们聊聊《墙都》（Mauerstadt）的专辑概念吗？你是否觉得墙还在人们心里？为什么？

R：那是我看到美国想要建一堵墙挡住墨西哥人的消息，感到骇人听闻之余冒出来的念头。这种事行不通的啊。然后又是英国脱欧、分崩离析，这事挺悲哀的。地方自治有可能毁灭性十足。过去几年，似乎人们在意见上变得越来越分裂了，尤其对于特定敏感主题的意见，移民是其中之一。这届美国总统竞选时打的是仇恨和分裂的牌子，这可不是什么令人欢欣

的信息，但它打动了不少人。用“我们和他们”这种负面信息给仇恨火上浇油，在政治里一向很管用。我在柏林生活的时候墙还在，亲眼见识了那有多可怕。我尽力帮我在东边遇见的人们，想让他们明白，西边是有人在乎的。我知道自己并不孤单，但绝对是少数。要是能帮到东边朋友更多就好了。墙是恐怖的，但同时也很迷人。它的存在所造成的隔离唯一积极的一面，就是造就了一座自由艺术的孤岛。除此之外，他把人们分开。《墙都》是为了试图让人们重新走到一起。这张专辑是我和其他艺术家合作的作品，因为我喜欢分享和混合想法。

M：你最喜欢柏林 80 年代的俱乐部是哪家？现在还在吗？ R：“大都会”绝对是我最喜欢的迪斯科俱乐部。那会儿东、西柏林都有很不错的俱乐部，但大多开不了几星期，最多几个月。柏林动物园水族馆附近有家短命的俱乐部，叫“纵欲无度”（Exxess），我特别喜欢。早就不在啦！“忠于党纲”（Linientreu），当然还有“丛林”（Dschungel）、SO36 和“风

Mark Reeder
Kraftwerk
马克·雷德
发电站控制室
摄影 _ 穆静

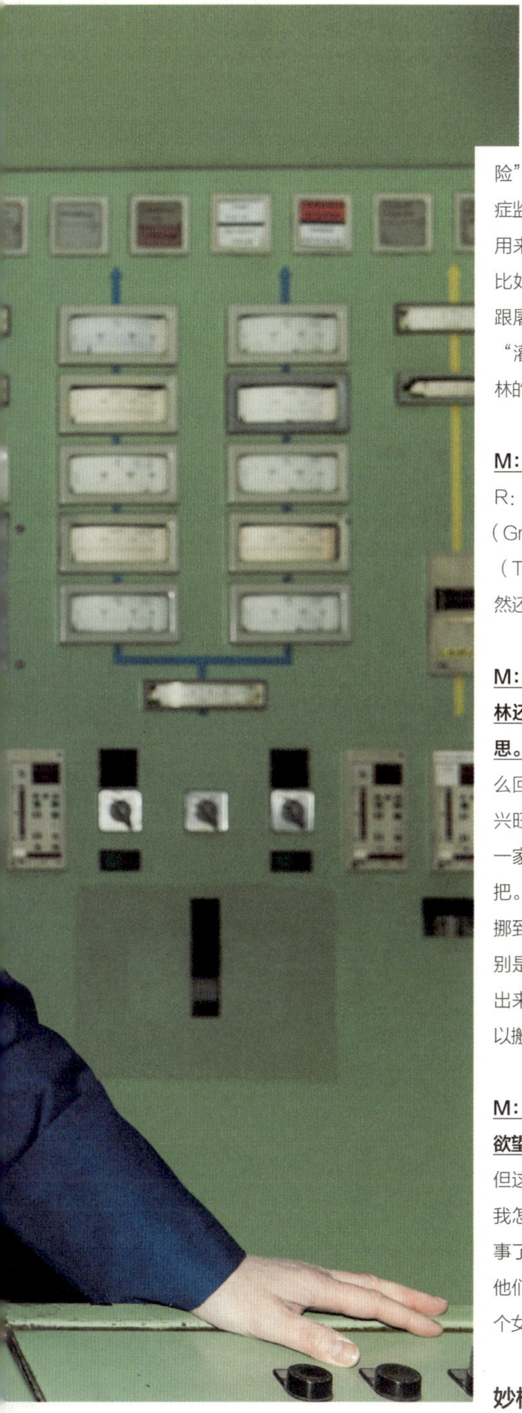

险”（Risiko），还有些不太出名的，像是“重症监护室”（IntensivStation），里面有一座笼子，用来关喝得太多的人，还有架妇科检查椅；再比如“貂”，白瓷砖从地板铺到天花板，看着跟屠宰场似的；再不就是同性恋迪斯科俱乐部“灌木大道”（Buschallee），或者猫在东柏林的迪斯科俱乐部“阿历克斯碰头”（Alextreff）。

M：想听柏林现场的人应该去哪些俱乐部？ R：演出太多了，但演得多的一般在“磨坊”（Griessmuehle）、“雷纳特”（Renate）、“金库”（Tresor）或者新俱乐部“东边”（Ost），当然还有别客海（Berghain），要是你能进去的话。

M：很多人说，西柏林变得越来越高级，东柏林还保持着地下的气质，如今变得越来越有意思。你同意这种说法吗？为什么？ R：不是这么回事。西边的科技舞曲和俱乐部演出没那么兴旺，墙倒之前，基本上只有“不明飞行物”一家科技舞曲俱乐部，迪斯科和酒吧倒有一大把。墙一倒，都变了。当然，墙倒了以后演出挪到东边是因为那儿有大量免费的空房子，特别是边境一带。东柏林好多地方已经变得认不出来了，相比之下，西边才真是没怎么变，所以搬到东边的好些俱乐部倒是都还在。

M：有再拍一部B级片（《B级片：西柏林的欲望与声音1979-1989》）的计划吗？ R：有，但这回我不参与了，所以这部肯定不会是关于我怎么经营“千秋大计”的了，那是另一段故事了。我已经拍过了我的电影，应该让别人讲他们自己的故事了。我个人觉得，这次要是有个女孩讲她的故事就好了。

妙极了

马克·雷德在90年代末认识了中国人倪兵，2000年初的时候，倪兵带着他和唱片骑师（DJ）柯文·达雷克（Corvin Dalek）一起到中国，从此成了朋友。马克·雷德在中国四处旅行，结识了中国乐队“秘密行动”，在录音棚排练了一次后，决定做一张密纹唱片（EP）。

M：和中国乐队合作的体验如何？ R：绝对妙极了，真的。我跟这俩乐队特处得来。“挂在盒子上”对她们想要我做什么有着明确的概念，特别爽快。“秘密行动”乐队很了不起。前不久他们刚到柏林来，我们一起制作他们的新专辑来着。

M：你觉得为什么全世界的艺术家都到柏林从事创作？ R：可能是因为便宜，而且这城市的氛围很不错，还有24小时开张的酒吧和连天的俱乐部演出。这地方给人灵感，跟别的城市不一样。冬天的时候，这儿黑暗而沉闷，弥漫着冷战的气氛，到了夏天则明快而充满生机。除了演不完的演出、跳不完的舞和喝不完的酒，这也是座很让人放松的城市。

M：你给予跟你合作的音乐家多少创作自由？ R：他们要多少就有多少，但我觉得，如果他们选择跟我合作，那实际上是希望我也能以某种方式出谋划策，期待我能在他们的音乐里加进一点儿我的东西，这是不言而喻的。我一直试着让他们思考我们正在做什么，“循循善诱”地套出他们最好的东西来。我也希望他们能从制作过程中学到东西，因为和乐队一起录制唱片是一件十分缓慢的工作，有时还很纠结。不只是拧几下旋钮，而是要通过强化他们的音乐和体验，创造出能让他们为之自豪的东西。我也尽可能让这些音乐家跳出他们自己的框框，因为作为乐队，他们通常止步于录好自己的器乐部分。我觉着，看他们对我的要求和期望吧，他们高兴就好。

M：柏林还是音乐家或艺术家都应该去的地方吗？ R：绝对的啊！就算只待一阵也应该来。柏林绝对会洗刷你看待东西的方法。这座城市会给人留下难以磨灭的印象，也能激发人的灵感。而且不管别人怎么想，这里是我所生活过的最自由、最包容的城市。

摩登天空（以下简称 M）：你年轻时柏林的音乐环境是什么样的？当时你都是怎么获得音乐信息的？ 莫特博士（以下简称 D）：我成长于单亲家庭，我出生时，父亲和母亲就离婚了，两个哥哥跟父亲生活，母亲一人带我和妹妹。她平时上班，在德国统一社会党做政治方面的工作，还是一个合唱队的成员，在家会听贝多芬、德沃夏克和古典歌剧。这就是我的成长环境。

幼儿园的时候我的乐感和嗓子就都很不错，而且也擅长跳舞和表演。我经常听广播里的音乐，20 世纪 60 年代末 70 年代初的时候，每次 R.I.A.S 柏林电台和 SFB 电台放音乐的时间我都会坐在收音机边儿。

1974 年，我 14 岁的时候，一个哥哥给我了一盘融合爵士乐磁带，里面有齐克·科里亚（Chick Corea）、赫尔比·汉考克（Herbie Hancock），还有“天气报告”（Weather Report），很多是即兴……我简直为那些音乐疯了。从那时开始，我迷恋起了爵士和其他新音乐。

当时，在我经常买食品的商店 5 分钟的路程里，有一家名为“音地”（musicland）的唱片店，我的零花钱几乎全进了那儿。现在那家店的主人拉尔夫仍然健在。

M：冷战期间，你生活在什么地方？当时的西柏林和东柏林人，在接触音乐时的物质落差是否很大？ D：我在西柏林长大，这里没有德国驻军，被英美法军队接管，柏林之外的很多人飞到了西柏林，因为这里有自由，而且生活很容易，很多艺术家之类的人也来了。

因为柏林实际上被四个国家军队控制，所以我们能听到来自英德法俄的各种音乐。

柏林的未来是什么样，当时没有人知道，所以房子空出很多，也很便宜，一间普通的公寓大概是 12 000 德国马克，也就合今天的 6 000 欧元，30 000 马克就可以买下一座很气派的房子——这不过是一个画家卖一幅画，或者一个音乐家办几次演出的收入。所以，他们都蜂拥而至，把柏林这座城市变得像一个惬意的小镇，找乐手组乐队，找场地办演出在当时都很容易。

80 年代时，莫妮卡·多苓（Monika Döring）帮助推出了很多柏林乐队，在诺兰多夫广场（Nollendorfplatz）的大都会（Metropol）大剧院办了他们的演出，还把他们带出国。

另一边的东柏林则完全相反，你想要“自由”，就得进监狱。

M：后来据说你还有过买磁带的经历？ D：这都得从头开始说……

我中学的时候学习很差上不了大学，后来就找了个建筑方面的工作。你能想象吗？当时在德国做个建筑师甚至不用上大学，哈哈。

然后到了 80 年代末，我身边的一些朋友成了朋克，我也特别憧憬那种生活。当时我辞掉了工作，开始卖自己收集的磁带，这些磁带主要流向克罗伊茨贝格地区的酒吧和咖啡馆。朋友的乐队我也会录，各种地方淘来的新磁带，如果要混录一盘的话，我有一个本子记录每首歌的时长。因为我总是在追求最新的音乐，所以这条路走得很顺当——我有三台磁带卡座机，用来拷贝已有的音乐，而我总是随身背着它们。有的时候一个买主会出 50 欧元买磁带，在当时也算一笔巨款了，我完全可以靠卖磁带养活自己。

M：当时你也有自己的乐队？ D：对，其实也是是偶然，1976 年的时候一个朋友在玩一个即兴乐队，缺一个鼓手。他问我“你能来吗？”我说我从没玩过鼓，他说“没关系”，啊？我就去了，后来我就成为了乐队的一员，我给自己买的第一个乐器是一个牛铃，后来我母亲给了我 2 000 马克，我才有钱置办了一套鼓。

M：后来你在涡轮罗森海姆（Turbine Rosenheim）做 DJ，你是怎么走上这条路的？这个传奇的俱乐部当时什么样？ D：80 年代早期时，我自然而然地开始在私人派对上做 DJ，然后又开始举办我自己的主题派对。1985 年，我的一个 DJ 朋友邀请我去他所在的一家小俱乐部，做周三夜里的 DJ，我记得他说“你既然总背着那么多磁带，为什么不做 DJ 呢？”

我的俱乐部 DJ 生涯，就从一些悲伤的放克曲开始了，但仅仅半年之后，这家俱乐部就因为噪声问题被关了。（后接 38 页）

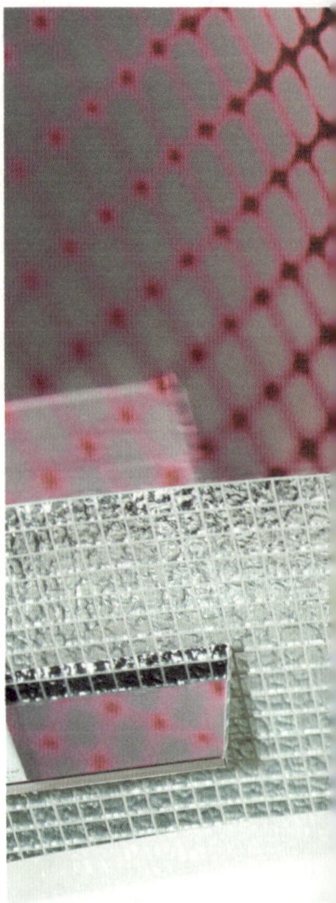

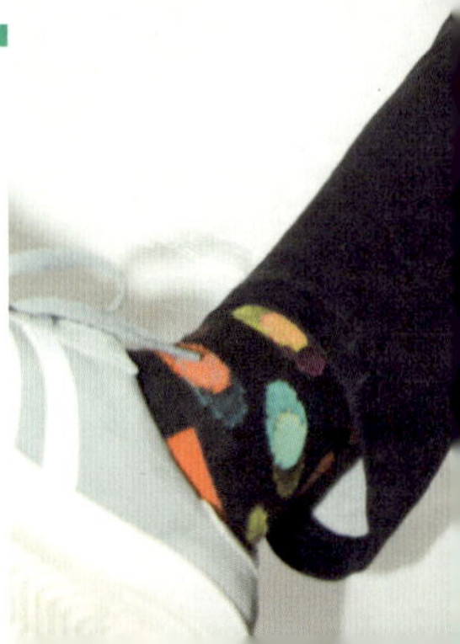

THE FREEDOM IN BERLIN MEANS DANCING IN THE STREET

如果跳舞文化能一直延续 柏林就还是我们的那个好柏林

采访 / 撰文 _ Weiz

莫特博士（Dr.Motte）不是医生，也不是博士，20 世纪 80 年代初期，他是柏林著名朋克摇滚乐队“死亡飞行员”的成员，其后转向电子音乐领域，成了柏林的著名 DJ 之一。1989 年，莫特博士和几个朋友在柏林选帝侯大街上举办了一场别开生面的和平游行，这就是日后轰动全球的“爱的大游行”（The love parade）。电子舞曲音乐成为 90 年代最重要的青年文化运动，而爱的大游行就是这场运动的代表。

现在，这一音乐游行每年仍有百万人参加，在某种程度上成了柏林的城市标识。

在接受《摩登天空》杂志采访的时候，莫特博士不仅给我们展示了自己的“金库”俱乐部（Tresor）永久会员铜牌，甚至还给我们介绍了他的腰带和鞋的故事，还有那件抢眼的、来自柏林的 SYLD 设计师商店的手工夹克。这几乎让人忘了面前的这个人生于 60 年代。

Kreuzberg
Berlin
克罗伊茨贝格
柏林
1986

Love Parade
Wolfgang Tillmans
爱的大游行
沃尔夫冈·提尔曼斯
1992

LOVE PARADE

1986 年 9 月，我和那个俱乐部的两个 DJ 还有一个负责商务的哥们一起开了我们自己的俱乐部——涡轮罗森海姆。我们共同的理念就是只放独立音乐——没想到很受欢迎！我在周六的晚上 11 点到周日早上 6 点做 DJ，当时我们每周都要去买唱片，因为只想要最新的。

两年之后同样是 9 月，我和我的朋友们做了柏林第一个酸性浩室舞曲派对（Acid House Party）。

M：酸性浩室舞曲在当时接受程度如何？ D：酸性浩室舞曲是我们从英美的杂志上了解到的，当时柏林有一家俱乐部，每首歌只播放一次，也就是说，你不能两次听到同一首歌。这两者都是我喜欢的，所以我想，为什么不做一场酸性浩室舞曲派对？

我们拍了一部录像，叫“酸性生活 360 分钟”，里面有一些对喜欢酸性浩室音乐的年轻人的父母的采访。然后我们在场地里布置了烟雾机什么的……演出的那天是周三，烟雾让我们觉得整个房间没有边界，所有的音乐都是我们自己创造的，不夸张地说，当时整个柏林都要炸了！

但是 1990 年，我退出了涡轮罗森海姆，因为我对原创音乐感到有点儿无力了，就像对着自己的父母演奏，但我仍然喜欢酸性浩室音乐。

M：电子音乐的发展在你看来是不是和电子技术和设备的更新是同步的？ D：没错，最开始我们都被EDM音乐（电子舞曲）震惊过，“这是什么东西？我也想做！”，就是这种感觉。但是也会有相反的声音——“有人想用这种东西垄断我们的文化！”

M：很多人说柏林墙倒塌后，电音就成为了柏林之声。在你的印象里，是这样吗？电音是什么样的音乐？ D：我现在仍在回想1989年。那不仅对于音乐，而是对于全人类而言，都是剧变的一年。

80年代初，我是超妙票友（Genialer Dilletanten，20世纪80年代东德和西德的亚文化组织）的一员，有自己的乐队，尽管生活在城市中心，但当时不时产生一种荒谬的错觉——每一天都可能是世界末日。

我说过，我在1990年离开涡轮罗森海姆，我的一些朋友经常会去英国之类的地方看演出，而我当时用杂志打开自己的视野，想看看外面发生了些什么。当你有自由去和伙伴一起做派对，为什么不去做呢？但是同时，你知道他们有的不过是一个鼓机和一台单声道模拟器。没有排练房，没有录音棚。我1992年的LP（密纹唱片）《冷却地球》（Chill Out Planet Earth），就是靠模拟器、鼓机、混音器和磁带录音机做出来的。但是没什么遗憾，一切感觉都很对。所以，归根结底，1989年是不是一种宿命？很多人的生活因此改变。

M：几乎同时，你创办了“爱的大游行”（Love Parade）。这个主意怎么来的？ D：对，有个英国回来的朋友对我说：“你知道吗，我们去了一个地下派对，然后警察来封锁了整个房子，他们用扩音器盖过音乐声，然后你猜怎么着，他们就上街演奏音乐了！”

我觉得这个主意太棒了，但是我当时不知道怎么在柏林实施这种计划，因为1989年在西柏林找不到一个这样的俱乐部，不过我翻来覆去地想了很久，最后决定直接上街。然后就开始说服我认识的各种朋友，大概6个礼拜之后的7月1号，我们就做成了这件事。第一届爱的大游行的口号是Friede Freude Eierkuchen，意思是和平，快乐和小薄饼，警察来的时候，我就说，我们只是想用音乐宣传和平，然后给大家发薄饼，哈哈，这是合法的。

M：据说第一次游行只来了150人？ D：其实刚开始只有20人吧，7点左右维滕贝格广场（Wittenbergplatz）聚集了120人，没有你说的那么多。那天下雨，我们也就不在乎来了多少人了。电视台采访的时候我们大概都喝醉了，浑身起鸡皮疙瘩。

我们只知道把这个事儿做成了，和电视台什么的没关系，这不是一个节目，是一种运动，每个人都很幼稚地、兴奋地参与进来，为了改变自己的生活而不是为了娱乐。这就是革命。

在市中心的商业街上，我们呼唤爱、和平、团结和尊重，而且不仅仅是在夜里。

对了，我们还印了一张小海报，上面写着“这一年，永远”，因为我想着，这件事一定要

POSTER
Dr.Motte's Birthday Celebration
Suicide Circus
莫特博士的生日派对阵容海报
自杀马戏团
2017

每年都做。

当时我们有做任何事的自由。当时的政府正忙着推进私有化，这是一种赌博。当然，也是因为如此，我们才能拥有自由，到处寻找可以办派对的地方。

M：你曾经提到过“爱的大游行”是一种社会实验，那通过这种实验，你想要得到的是什么？ D：电音对我来说是一片不受限制的领域，所以为什么不去跟随它呢？电音就是自由自在，而非斗争和争斗。它是战争的反面，是人类在这个星球上生存应有的方式，也是人类团结起来的方式。电音就是爱的音乐。

M：如今“爱的大游行”仍然是一种音乐运动吗？

D：“爱的大游行”其实是舞曲运动的一个来源，也是它的一部分。我们所做的只不过是，在1999年，让150万人在柏林街头快乐地起舞而已！

Dr.Motte
莫特博士手拿
Roland TR-09 鼓机

当然，你可能会说，美国有伍德斯托克，那个音乐节对世界文化的冲击更大，但我们讲述的是不同的故事。我觉得“爱的大游行”其实是一种声音革命，而且它就是爱的运动。

不过这些都起源于20世纪40年代的乐器电声化。50年代，我们听到了摇滚乐。60年代，从爱之夏到伍德斯托克。“爱的大游行”是20年后的事情，但它依然影响了世界各地的人，用它的主旨——和平，快乐和小薄饼。

M：有人说在今天的柏林，很多电音音乐人似乎来自东德地区，你感觉是这样吗？

D：一个朋友告诉我，UFO（柏林的第一个纯电音俱乐部）开业的第一天，来的人都是前东德地区的人——那就像是音乐界的一家人终于聚在了一起。

M：在你看来，柏林的夜生活是如何形成的？ D：因为没人知道柏林墙倒塌后会发生什么，在当时柏林只是一个小镇，生活便捷而且舒服，柏林墙倒塌之前就有一些俱乐部了，但是1989年以后，更多的房子空出来了，城市几乎扩展成了原来的两倍大，很多想开俱乐部的人都把握住了这

NONO 禁忌
Dr. Motte & Robert Babicz
莫特博士 & 罗伯特・巴比兹
2011

OneDipDip Remixes
一滴滴（重新混音版）
Dr. Motte & Robert Babicz
莫特博士 & 罗伯特・巴比兹
2015

个时机——这就是所谓的“东柏林狂热”。1991 年，有了“金库”（Tresor）和“星球”（Planet），我们成为了历史的一部分。后来，就是“宿醉伍迪”（Kater Holzig）……

如果对这段历史感兴趣的话，《家庭之声》（Der Klang der Familie）这本书是个不错的线索，你能知道最开始的时候，柏林的俱乐部是什么样的，那时候，所有地方的人都会来柏林开派对……

M：作为一个 DJ，柏林这座城市如何影响了你？ D：有的时候，我会产生一个奇怪的印象——柏林的音乐甚至是过剩的，每个周末你都能听到各地最棒的 DJ 带来的演出。我也经常吃惊地发现，很多唱片厂牌和公司，根据地其实都在柏林。

M：如今你参与音乐的方式和以往有什么不同吗？ D：其实我总是到处晃悠，什么都想做。但我又不想丧失专注力，所以目前我仍然在和我的朋友们一起做电子乐。我现在喜欢更小的设备，比如，一台音序器和一台合成器就够了。

当然，我不再像原来那么频繁地参加派对了。不过每个 7 月的第二个周末，我们都会在“自杀马戏团”俱乐部（Suicide Circus）举办我的生日庆祝。

此外，还有厂牌派对、酸性浩室派对、慈善派对和那些只是派对的派对……柏林就是我的游乐场、我的家。

M：柏林人的柏林俱乐部和外国人熟知的柏林俱乐部有差别吗？ D：柏林的俱乐部太多了，差异也很大。那些完全处于地下的俱乐部，大部分坐落于东柏林。如果你去弗雷德里希大街那片区域，就能找到很多地下俱乐部，里面有各种各样的电子乐。

但是这些地方也在面临危机，资本家们虎视眈眈，想从这些地方榨取更多的利益。用文化挣钱对他们来说是一种冒险行为，但这些东西恰恰吸引了柏林 70% 的参观者，这难道不是价值吗？

M：新的音乐不会打破原有的理念吗？例如现在，很多柏林之外的人会说，随着城市的士绅化，电音已经不再是柏林的标志了。 D：你怎么可能阻止士绅化？柏林政府都不在乎这些。在柏林做艺术家，你可能需要越来越努力地赚钱，却还赚不够房租和生活费。就算你是个小有名气的 DJ，也需要白天做一份养家的工作。如果你说，这件事在所有地方都在不可避免地发生，我只能承认，这是一种迷人的矛盾。

但是我不接受这种说法，因为我只会从自己的经历出发。

每个城市都有自己的历史，但就柏林来说，一言以蔽之，城市的界限确实在改变。我觉得资本家都不知道运营一家俱乐部成本有多高，他们当然也不在乎柏林的音乐多样性或者别的什么。我在今天的柏林，越来越频繁发生的是我们的被忽视……商业正在欺凌文化，并且自认为理所当然。

M：你能想象未来 10 年 20 年的柏林吗？ D：我希望那时候的柏林，大家仍然能自由自在地跳舞。跳舞和说话不一样，跳舞能更直接地让人们团结起来。如果跳舞文化能一直延续的话，柏林就还是我们的那个好柏林。

NIBING PRESENTS PARTY IN BERLIN SEXY / HARDCORE / MINIMAL

倪兵推荐 在柏林享受电音 性感 / 硬蕊 / 极简

撰文 _ 幺蛾

倪兵：中国推动传播电子音乐文化的先驱者之一。自 20 世纪 90 年代开始就致力于国际电子音乐在中国的推广，提倡音乐不只是发声，还是一种全新的生活方式。创办国内最早的广播电台电子乐节目之一 DigitalDream（数字幻梦）、FutureMix（未来之声）。

KEYWORD
关键词

SEXY
性感

“柏林除了电音俱乐部之外，还有很多偏浩室一点儿的俱乐部，特别是每周一。在运河边有一个小的俱乐部叫艾普西(Ipse)。那儿有源自汉堡的风骚浩室厂牌‘索’（Suol）每周一办一次活动。在柏林，周一出来玩儿是当地人的习惯，因为周末外地游客比较多，所以他们喜欢周一出来玩。

柏林有很性感的一面，很舒适、很放松、很轻松。男男女女在那边吃点儿东西、跳跳舞、调调情。‘性感’也是柏林跳舞音乐中非常重要的一个部分。”

YOU
Tone Depth & Flowers And Sea Creatures
《你》
声调深度 & 花卉和海洋生物

HARMONIC CONVERGENCE
Yoram
《谐波收敛》
约拉姆

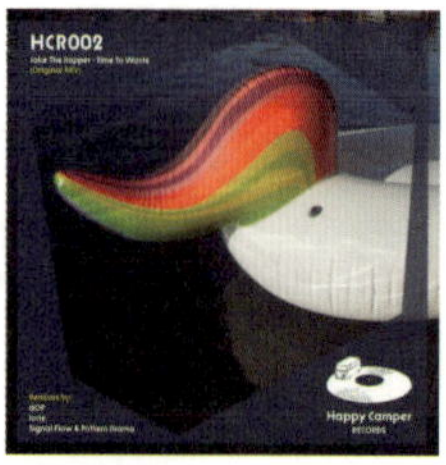

TIME TO WASTE
Jake The Rapper
《浪费时间》
说唱手杰克

SWING BOP
Der Dritte Raum
《摇摆舞》
第三空间

APRIL
Jonas Saalbach
《四月》
尤纳斯 · 萨尔巴赫

KEYWORD
关键词

HARDCORE
硬蕊

“电音是一种非常需要场景化的音乐，你在‘别客海’（Berghain），你在‘金库’（Tresor）这样的地方听电音和我们在北京，比如灯笼、达达（Dada）是完全不一样的。在北京很难找到那种很工业化、很庞大的空间场景的感觉，尤其是那种非常硬蕊的电音，我觉得在中国很难有地方可以得到真正的体现，就是因为它不够场景化，就像别客海的驻场DJ兰·法吉（Len Faki）、瑞贝卡（Rebekah），就是硬蕊的代表。”

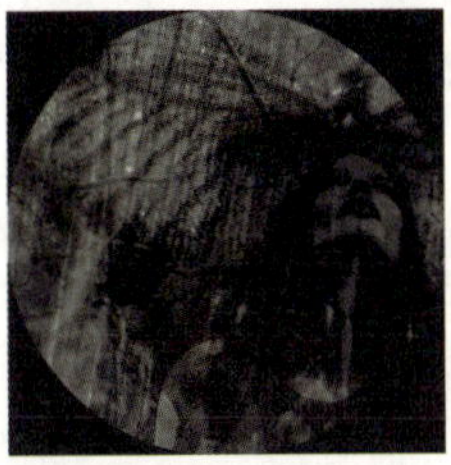

CODE BLACK
Rebekah
《黑色代码》
瑞贝卡

HUMAN REASON
(LEN FAKI REMIX)
Adam Beyer, Alan Fitzpatrick
《人为原因》（兰·法吉混音）
亚当·拜尔，阿兰·菲兹帕德里克

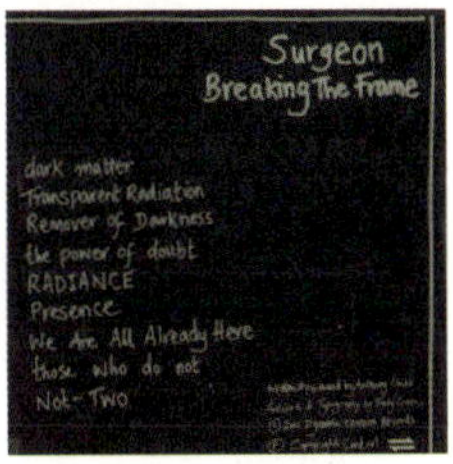

THE POWER OF DOUBT
Surgeon
《怀疑的力量》
外科医生

BLINDING HORSES
Regis
《盲马》
雷吉斯

NEUROSIS
(SURGEON REMIX - EDIT)
Ben Sims
《神经症》（外科医生混音－编辑）
本·西姆斯

极简电音是近15年在柏林兴起的一种电音热潮，在很多地方这种热潮已经慢慢低靡了，但是在柏林其实从来都没有减弱过。我认为这是和德国人的思维方式、为人处世方式密切相关的。比如很多人在去周末的大派对之前会在“视力俱乐部”（Club Der Visionaere）先有一个前戏。视力俱乐部可以说是柏林极简电音的一个大本营，里卡多·比利亚洛沃斯（Ricardo Villalobos，智利出生的德国著名电子音乐制作人、DJ）家就住在对面，他有时候没事儿就拎着包过来演出。

KEYWORD
关键词

MINIMAL
极简

和他在一起的那些好朋友，比如说齐普（Zip），也是比利亚洛沃斯所在的唱片公司的老板，还有日本的DJ Fumiya Tanaka（田中郁弥），这些都是常年在视力俱乐部演出的音乐人。其实别客海很多的时候音乐也是非常偏向极简电音的，在大厅，硬核和极简之间是按照时间表变化的。即使是别客海很有名的DJ马塞尔·德特曼（Marcel Dettmann），他所谓的黑暗电音（Dark Techno）其实也是极简电音的一部分。极简电音已经成为柏林这个城市的个性之一，所以永远不存在什么过时不过时的问题。

FOR REJECTS
(SAKORKA REMIX)
Allies For Everyone
《拒绝》（萨科卡混音）
每个人的盟友

BLINDED
Patlac
《盲》
帕特拉克

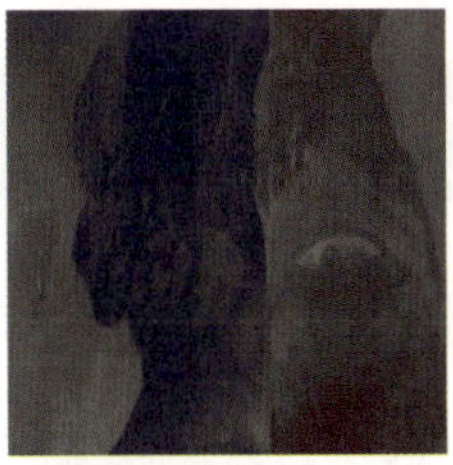

BETTER (OF) ME
(DAVE DK REMIX)
YILA
《更好的我》（戴夫 DK 混音）
伊拉

FORREST DRUM
Marcelo Cura & Dūbelu
《森林鼓》
马塞洛·库拉 & 杜贝鲁

FROZEN ECHO
Blade & Beard
《冷冻回声》
刀片与胡须

自2000年左右开始买打口磁带至今，我一直保持着买实体音乐的习惯，CD、黑胶唱片，偶尔会买一些罕见的磁带，同时也走访了全球差不多20多个不同城市的唱片店。如果在所有国家地区中选出三个城市作为我心中最佳的淘碟去处，有三个地方会在我心中名列前茅，且不分先后。它们是——洛杉矶、曼彻斯特和柏林。今天，就让我来讲讲柏林唱片店的故事。

柏林应该是我去过的最令唱片收集者疯狂的地方，汇聚在克罗伊茨贝格（Kreuzberg）的众多唱片店都与其他所有国家、地区的唱片店有着不同的文化。

美国的唱片店总是以自己的体量来吸引人，英国的唱片店虽然有着明确的分类方式和陈列，但是总有一些隔阂，所有的唱片、CD都是空盒，你需要去柜台结账的时候等店长帮你找到唱片本身，放进你所选择的封套中。柏林呢？这里的唱片都是平等的。

柏林的大部分唱片店都提供唱片的试听，哪怕是非二手的全新唱片，你都可以询问要求打开试听，这一点是其他西方国家中很少见的。柏林的唱片店有着明确的分类，而且大部分舞曲唱片是通过厂牌分类的，这对于一个狂热的唱片收藏者而言是一个非常便捷的方式——因为大部分唱片职人都依赖“唱片分类大全”网站（Discogs）的唱片分类系统在整理自己的收藏。柏林的唱片店也是最安静的地方，挑选唱片的人都安静地头戴自己的耳机沉浸在巨大的唱片海洋中寻找着，而店员也绝对不会和你说话，他们不会提供帮助，因为你需要的一切信息都在这些唱片封套的说明文字上了。

前不久，我花了10天时间在法兰克福和柏林拜访了21间唱片店，有大有小，下面就让我精选其中的5个来自柏林的唱片店，来讲讲我所看到的，以及我的唱片选购心得，算是一个小小的指南吧。

ALL SOUNDS ARE EQUAL A PERSONAL BERLIN RECORDS STORES GUIDE

众声平等 柏林舞曲唱片店指南

撰文 / 摄影 _ 健崔　**部分图片** _ 源自各唱片店网站

柏林真的是**爱乐人的天堂**，有机会的话，你一定要**“来”**，只要是善于发现，就会有所收获

1

No.5
Melting Point 熔点

在米特区（Mitte）的“熔点”位于一条并没有太多游客的街道，它的邻居是一些书店、家具店，位于路口的“熔点”看上去并没有太多让人走进去的欲望。

“熔点”的老板是一位50多岁的老先生，他一个人坐在店里听着刚刚从纸箱中取出的唱片，然后按照分类放进货架。他在自己的客厅里收纳着那些让人有些好奇的唱片，然后按照自己的逻辑分放它们，并不在意这里是否有其他人的存在。这样的情景让我仿佛回到了十多年前，在北京新街口，老友傅雄和他的蓝线唱片店。一个人在店里的傅雄也是这样，坐在唱片店里，打开每一个陌生的纸箱，开始整理这些来自全球不同国家的声音。

一些主流唱片被店主摆放在比较明显的位置，而其他分类中，嘻哈和舞曲是最多的。这里的大部分唱片的价格都比较便宜，还有很多打折处理的磁带、CD都放在了一起，店主说现在也没有太多人对它们有兴趣，这些回收来的东西如果有人喜欢，以一二欧元的价格被带走的话，也算是一个不错的选择。

如果你有机会在米特区走走，不妨来这间小小的唱片店看看，去翻翻那些堆在地上的纸箱，那种消失在现在音乐时代买唱片的感觉就在这里被我找回来了，如果说在柏林去过的那么多个唱片店的感觉中，哪个是最温馨的，我会推荐这个一点儿也没有酷、时髦、新鲜感觉的“熔点”。

No.4
OYE Records（Oderberger店）
OYE 唱片（奥德博格店）

OYE唱片在柏林有两个店，位于克罗伊茨贝格的那一间相对比较小，只有十几平方米，位于柏林文化中心附近的店则大了许多，这里也是一个寻找舞曲音乐的绝佳去处。

OYE非常乐于将每一张唱片的介绍写在封套之上，这里不仅仅有简单的唱片信息分类，还有非常详细的乐评介绍以及唱片所关联艺人的信息，相比较“硬胶”（Hard Wax）冷漠的只有厂牌编号信息和“空间大厅”（Spacehall）非常简略的文字之外，你会感到OYE的老板是一个非常愿意分享和讨论音乐的人。

在OYE寻找浩室音乐是一件乐事，在店铺最深处的一个小房间内，这里摆满了不同地域、风格、厂牌的浩室唱片，并且单独设立了试听唱机。如果你是极简浩室（Micro House）爱好者，这个房间会给你带来不断的惊喜。

3

2

1. Melting Point
Mitte，Berlin
熔点
米特区，柏林

2. Spacehall
Kreuzberg, Berlin
空间大厅
克罗伊茨贝格，柏林

3. OYE Records
Oderberger, Berlin
OYE 唱片
奥德博格，柏林

No.3
Spacehall 空间大厅

作为柏林体量最大的唱片店，“空间大厅”是一个非常理性的场所，我在柏林的一周时间里，去了三天这里，感觉这里充满了魔法。

刚刚进入“空间大厅”的大门你看到的是一个貌似“旅游纪念品”店的地方，这里挂满了各种环保袋、限量版的套装和比较流行的专辑。继续向里走，穿过一个摆放了众多另类音乐的通道之后，就是舞曲唱片专区了。

“空间大厅”的唱片库存体量丰富，这里不仅仅有最近出版的全新单曲，还有好多在过去 15 至 20 年中发行的经典舞曲唱片。20 多年前，当店主彼得（Peter）打算开个唱片店的时候，他就希望这里可以成为真正热爱唱片的人前来寻找音乐的地方。每天他都是站在店里打着电话，发着邮件，用最古老的方式订货、发货，他拒绝了一切媒体的采访，也没有太多人知道他的姓氏，他不太愿意回答人们的提问，只是用手指一个方向，告诉你你要找的唱片的所在位置。

店里拥有 10 台试听用的唱机，不过其中品相完整的只有两台。这清一色的 Technics SL-1200（松下经典黑胶唱机）中，大部分都缺少零件，甚至有些唱臂是用塑料绳临时固定的，更有甚者是用胶带随意粘上的。当你在舞曲区挑选完唱片之后，店员会告诉你这里无法刷卡，没有电子支付，唯一的提示就是附近 ATM 机的位置。而当你确认付款之后，他会给你写一张纸条，你要去店铺外侧找彼得去结账，这个怪脾气老头会在你的纸上盖一个印章，表示你已经付款了，再回去拿你的唱片。这里绝对是我去过的最朋克的唱片店！

Hard Wax
Kreuzberg, Berlin
硬胶
克罗伊茨贝格，柏林

No.2
Hard Wax 硬胶

很多人把去“硬胶”买唱片的旅程比作是朝圣，而实际情况也确实如此。位于克罗伊茨贝格最核心的地铁站向南不远处的“硬胶”坐落在一座废弃大厦的三层，这个楼群区如今已经成为了一些艺术空间、小型工作室和咖啡馆的所在处。走入地图上所示的区域，手机的信号就在老旧的大楼中消失了，于是你会看到唱片店的标志出现在一面堆满了垃圾桶的墙上。顺势向里走，走上贴满了贴纸的楼梯，到达三层，这里就是“硬胶”了。店门口赫然写着一个并不常见的规矩：“店内严禁拍照。”这只是众多规则中的一个。“请先将一切背包寄存”，“每次试听不得超过 20 张”，“严禁饮食及饮水”，“手指不要直接触碰唱片表面”，“未拆封唱片不要打开，请去 iPad 上试听”，“试听后唱片请放到‘返回盒’，不要放在任何其他地方”等等。

“硬胶”所设置的这些条条框框看上去就像是你在美术馆中看到的那些提示，而实际上这也给不少人带来了困扰。很多人在网上都看过一些对于本店的负面评价，说这里冷漠、态度生硬等，而作为一个成立了 20 多年的电子音乐专门唱片店，“硬胶”其实一点儿也不期待有更多的人来这里。

秉持着专门为 DJ 和硬核电子音乐爱好者开设一个唱片店的想法，本店的选货也非常严格。除了店主马克 · 埃内斯特斯（Mark Ernestus）和莫里茨 · 冯 · 奥斯瓦尔德（Moritz Von Oswald）的几个自厂牌之外，这里按照美国、英国、德国和欧洲的地域为唱片进行分类，这之后才是舞曲风格和厂牌的分类。“硬胶”犹如图书馆式的分类方式会给寻找唱片的 DJ 带来很多便捷的地方，你可以在这里将你苦苦寻找多年的某个小众厂牌一网打尽，那种感觉所带来的惊喜是无法言表的。

Marla Records
Kreuzberg, Berlin
马尔拉唱片
克罗伊茨贝格，柏林

No.1
Marla Records 马尔拉唱片

整个柏林给我留下印象最好的唱片店，是这个小得不能再小、唱片数量少得不能再少的唱片店，它给人的感觉似乎在这里卖唱片并不是主业，闲谈、听音乐和分享才是这里的正经事。

从“空间大厅”出来，向西走两个路口就是马尔拉唱片的所在地，在门口你可以看到它绿色的涂鸦，走进去的话则是一个提供咖啡的柜台。在欢迎的问候之后，我走入了摆放着唱片的房间。这个只有不到400张唱片体量的店里，店主简单地将它们分为了电音、浩室和其他三种分类，不过每个分类中都充满了太多惊喜。

从唱片的管理可以看出，这里应该是一个DJ运营的唱片店，大部分唱片都是二手唱片，所以价格比较低，从5至10欧元不等，不会有太多昂贵的名盘。不过唱片挑选的质量非常高，众多在极简科技舞曲（Minimal Techno）和极简浩室（Mirco House）领域较有作为的厂牌都有所涉及，如果你的音乐口味和店长比较像，那么就是非常幸运的，这些唱片在挑选者的眼中可以直接组成歌单（Set），思路清晰，且充满了拥有它们的“野心”。

唱片店的老板说这里其实是一个柏林本地DJ进行交流的地方，其中的唱片是一些DJ寄卖的，还有不少是一些有着合作关系的厂牌进行推广的唱片，这一天我所挑选的唱片中有不少就是老板自己曾经的收藏，当然他也很开心有人会选择他曾经播放过的唱片。周末的下午，这里会变身为一个DJ工作坊，如果你想获取有关新出版的音乐信息，非常值得来这听听DJ们播放的音乐，喝上一杯咖啡，度过一段温馨的时光。

大部分柏林唱片店也都有如此温馨的画面。我在“比奇泥黑胶唱片”（Bikini Waxx）看到店主一边做饭一边给客人推荐音乐，我在一间专门售卖朋克音乐的唱片店“静态冲击音乐”（Static Shock Music）里看到店主在整理着落满了灰尘的磁带，我也在专营黑人音乐的“灵魂交易”（Soultrade）唱片店看到了一家人一同挑选唱片的场景。整个柏林对于音乐的热爱和友好，也让这里成为了热爱音乐人最希望居住和停留的地方。

BERLIN AND THE LONGEST NI ON EARTH

柏林 最漫长的地球狂欢之夜

撰文 / 编辑 _ weiz

柏林，一座旧得不能再旧也新得不能再新的城市。不过至少，在柏林墙推倒之时，这是一座破败的城市，那时，柏林最初出现的俱乐部大多只能维持营业几个礼拜就会消失或换地儿，因为没有固定的俱乐部，到了晚上，年轻人只能用双脚寻找派对。

科技舞曲当然是那种改变柏林的新音乐，相似地，多元文化混处和居住人群的年轻化，让柏林成为了欧洲年轻文化的核心之地。入夜，人们纷纷从餐厅、酒吧、家中涌向这座城市各个角落的俱乐部——柏林人的柏林时间，开始了。

据柏林旅游机构“柏林游览”统计，每年到柏林旅游的 1 100 万游客中，三分之一是冲着柏林的夜生活来的。哪怕在一些人看来，柏林最酷的时光已经过去，现在柏林每小时进行的几百场派对，不过是 80 年代那场放纵的尾声。

金库 _ Tresor

迪米特里·埃杰曼和他的伙伴们于 1988 年创办了“金库”的前身 UFO 俱乐部。UFO 俱乐部迄今都被认为是柏林浩室与科技舞曲音乐最初的中心，1990 年倒闭后，就有了“金库”，而其得名是因为所在地原是一家银行的保险库。俱乐部成立第一年便迅速成为城里最时尚的夜生活据点，在柏林随便叫一辆出租车，司机们都会知道“金库”在哪儿。

如今，中东裔的出租司机可能不知道“金库”，但你可以知道。它不仅见证了科技舞曲的“发迹史”，也在多次的搬迁过程中，经历了新柏林的城市变迁。目前，这家俱乐部就位于柏林的老发电站内，如果你只想去一家俱乐部感受柏林最躁的科技舞曲，别错过这儿。

空白页 _ ://about blank

如果你在周一的早上路过“空白页”的门口，可能看到一个奇特的景象——俱乐部门口的长队边，上班族们正匆匆赶往地铁站，不过别担心，就算你早上没起来，中午小睡一会儿下午过来，前一天的派对可能还没有结束。

仔细观察的话，来这里的年轻人，也和其他地方的不太一样——穿着紧身裤的嬉皮士和浑身铆钉的壮汉，有时会同时出现。这里甚至还是一个本地邪典同性恋教主“领带先生”（Mr. Ties）的大本营。

这家曾经的非法俱乐部的门卫，甚至会根据你的政治倾向决定能否让你拿到入场券。

视觉俱乐部 _ Club Der Visionaere

外观低调的视觉俱乐部，算不上一个典型的柏林俱乐部，因为它的舞厅实在是太小了。但这里却是柏林夏天最受欢迎的场所。虽然没有沙滩，却有足够好玩的水上派对。白天，你可以在浮游的长椅上沐浴阳光，晚上则可以一直跳舞至太阳再次升起。

和其他的俱乐部相比，视觉俱乐部的演出安排也十分随意，你经常可以看到不在演出名单里出现的 DJ，极简派科技舞曲大师更是那里的常客。

西西弗斯 _ Sisyphos

西西弗斯可能是这个列表里最鲜为人知的柏林俱乐部，与其说这是一家店，不如说这里是大人的爱丽丝仙境。这个曾经的狗粮工厂里，有被沙滩环绕的小湖、废弃的巴士。如果你无法忍受那些典型的柏林俱乐部，可以来这里体会一下这个乐园里的迷幻派对，不过，想得知演出的阵容，几乎从来是不可能的，不过你要是不来，说不准就会错过某个明星级的 DJ。

奇巧俱乐部 _ Kit Kat Club

如果要给出几个最主要的关键词，奇巧俱乐部一定是恋物癖、淘气和古怪——对，即使是在柏林，它也足够特别。这个俱乐部 1994 年由奥地利色情电影制作人西门·索尔（Simon Thaur）和他的伴侣 克尔斯滕·克鲁格（Kirsten Kruger）创办，曾经一度因为“鼓励当众性交”的罪名而被关闭。不过对于大多数而言，你今天仍能在里面见到各种道听途说中那种“疯狂的”、“臭名昭著的”柏林夜生活，噢，不过你也得穿得疯狂些才有资格进去。

小木屋 _ Chalet

在一间有 150 年历史的别墅里蹦迪，是不是能有回到 19 世纪的感觉？哪怕是见惯了大世面的柏林人，也懂得这里的迷人之处。这里是柏林曾经传奇的俱乐部 25 号吧（Bar25）和宿醉伍迪（Kater Holzig）的团队开的另外一处秘密基地，这里同样有一种随和、舒适的气氛，在这个复古味十足的建筑里有两层是舞厅，供时髦的年轻人们展示他们的身体和行头，漂亮的室外花园里，也圈出了一个小舞池，当然，啤酒花园是少不了的。

狂野雷娜特沙龙 _ Salon Zur Wilden Renate

你幻想过在马戏团里的俱乐部吗？这个对外国游客来说格外拗口的名字背后，藏着一座真正的迷宫。每个房间都不太大，但是极为舒适和私密。尽管已经有越来越多的游客发现了这里，你仍然能看到柏林俱乐部的地下一面——只要坚持过门口漫长的队列，你可以冲进里面随意穿梭，要是运气好，你也可能听到柏林最奇怪的音乐。不过，要是迷路了，可没人保证你能出去。不过，一辈子不离开这儿，应该也不错吧？

水门 _ Watergate

别再把水门当成你进不去别克海的第二选择了，水门是柏林科技舞曲崛起的重要据点，这里足够让喜欢各种电子音乐的人专程来一次，然后是第二次、第三次。

除了拥有柏林最早的天花板 LED 照明之外，水门还是一间“看得见风景的俱乐部”，在施普雷河东侧，紧挨着奥伯鲍姆桥，跳舞跳累了，还有什么比喝着酒欣赏一下窗外的施普雷河更好呢？

哦，对了，这个俱乐部还拥有自己的同名厂牌。

SO36

如果你是成长于新柏林的年轻人，SO36 大概不会是你经常光顾之处，但如果你向往那些不拘一格的另类音乐，那么不如把你全身的躁动都带去位于被不羁、前卫和颓废的艺术氛围覆盖的克罗伊茨贝格十字山区的 SO36，这里曾经是朋克青年们的聚集地，见证了无数次街头冲突。这个命途多舛的俱乐部，也成了德国朋克运动的剪影。

除了出名的同性恋土耳其夜，伊基·波普和鲍伊都曾是这里的常客，让这座“柏林的 CBGB”声名远扬。

90 年代，朋克音乐日渐萧条后，这里成了新浪潮艺术家们的聚集地，除了每月的摇滚迪斯科演出，每周一晚上，你还可以穿轮滑鞋跳迪斯科穿越回 70 年代。

众多消失的俱乐部

没有人能数清柏林有多少家俱乐部，更没有人能写完那些消失的俱乐部的名字。因为地租等各种原因，柏林的大部分俱乐部，正在面临相似的生存危机。在这一点上，柏林并不是那座“独特”的城市。M

柏林人的柏林时间，属于夜晚

SAMEHEADS BERLIN IS LIKE

孪生大脑 柏林就像一座岛

N ISLAND

采访 / 撰文 _ 幺蛾
翻译 _ 幺蛾 / Kiara
摄影 _ 穆静
艺术指导 Art direction by _ Nathan Dukes
造型 Styling by _ Raki Fernandez
化妆 Make-up by _ Sarah Hartgens
发型设计 Hair by _ Attila Kenyeres
拍摄场地 Location _ Sameheads

Sameheads（孪生大脑）由英国籍的三兄弟组建。这里是一家酒吧、聚会场所、迷你精品店、舞池以及画廊。2005 年，Sameheads 的创始人内森和里奥（Nathan & Leo Dukes）一起搬到柏林，在克罗伊茨贝格区的一家唱片店的后面找到了一个小空间，并收集来当地的独立时装设计师品牌，开了一个另类生活方式小铺。6 个月后，他们最小的弟弟哈利 (Harry) 也搬到了柏林。

对于内森来说，柏林其实和伦敦有点儿像，它像一个国家中的小岛。这儿相当国际化，大部分时间都可以用英语交流。

他们在这里工作、生活，直到 2010 年，他们把店铺搬到了土耳其移民区新克尔恩（Neukölln）。创始人内森认为拥有多元文化的工人阶级社区是很有电子氛围的，这种感觉是在一个富裕的地区找不到的（即使是在柏林）。在这儿，不同的文化试图共存，互相学习，而且还有一种危险的感觉，这也是为什么大街上常有一些喧嚣的声音……内森似乎总被“危险”的感觉吸引着，他说：“有时候，各种非法的地下景点还挺吸引我的。我们偶尔也会遇到一些问题。主要就是我们参与或运营的各种俱乐部和场地什么的……有时候你需要跟警察交涉，如果你经营的派对被投诉了，警方通常会在他们开始‘动真格的’之前来两次。你可以和他们谈谈，然后纠正那些让他们不满意的事情。”

对内森来说，Sameheads 是一种生活方式。他们有一群酷得千奇百怪的朋友，偶尔会举办一些舞蹈派对，放些电波音乐、欧洲地下迪斯科舞曲、硬件电子乐、老式电子乐和尖锐的酸性浩室音乐等非商业性的舞曲。“我们这儿没有严格的门禁政策，我们希望 Sameheads 尽可能保持民主和包容。一般来说，人们知道可以在我们这儿遇见一些前卫又时尚的人，还有好音乐！”

NATHAN & HARRY 内森 & 哈利
Artist name 艺名
Sameheads AKA The Dukes Brothers
孪生大脑 或 杜克斯兄弟
Occupation 职业
Owners of Sameheads, Festival organizers of New Dance Fantasy & City of a Thousand Suns
“孪生大脑”主理人、“新跳舞幻想”及“千阳之城”音乐节组织者

Link 链接
www.sameheads.com
Instagram 图片墙账号
@sameheads
Soundcloud 声音云主页
soundcloud.com/sameheads

《摩登天空》杂志在柏林拜访了 Sameheads。我们第一次走进 Sameheads 时，发现无论是大门口悬在半空的假腿，还是屋里爆米花粘了一脸的塑料模特，都昭示着“这地方可不一般”。和空荡而清冷的大街相比，Sameheads 简直热闹得像另一个世界，墙上挂着艺术家朋友的画和摄影作品、一层房间正中间是内森和服装设计师女友拉基（Raki）用塑料吸管做的艺术品、厕所里满是涂鸦，地下则像是穴居人温馨的老家。

一间岩洞一样的小屋里放着一排排的衣服，墙壁边靠着两三个像是从老旧公交车上拆下来的座椅，桌上则是未完成品和一些配饰——我们甚至看到一个粘了一排塑料小娃娃的古怪头饰。拉基带我们展示衣架上的衣服，有她自己设计的衣服，也有“淡出”（Fade out label）的丹宁拼接作品，还有华丽摇滚范儿的“露娜环”（Lu La Loop）、邪典味十足的“冈萨雷斯夫人”（Lady Gonzalez）。“这好像都是女孩的衣服”，同行的摄像大哥说道，拉基马上回答：“不，这儿有很多男孩穿的。”边说边拿出来一件漂亮的黑色印花裙子。转天我们果然看到了这个裙子套在了男模特身上。

“Sameheads 吸引了众多怪咖、边缘人、艺术家、享乐主义者，以及反权威的人们。”内森说，“当你看到欧洲的主流政治、文化和社会态度，看看这儿都发生了什么，你会发现自己别无选择，只能尝试创建属于自己的‘社区微观文化’。当我们的世界乏味得很，并且变得越来越糟时，所谓另类的生活方式就会茁壮成长。”

Sameheads
孪生大脑
Neukölln, Berlin
新克尔恩，柏林

内森显然也是个与当代科技生活“格格不入”的人，他至今还没有智能手机。同样的，Sameheads 也保持着一种世外桃源的氛围——无论外部世界发展成了什么样，我依然是我。内森说：“我们现在也在做电台。我觉得在现在这个时代，现场拍摄和录音仍然是不可替代的。人类跟偶尔会出错的机器进行互动，这种不完美让电台这种媒介听上去有种包容的弹性。纯粹数码的东西就会让人感觉有点儿疏远。”

2018 年初夏，Sameheads 准备发行首张黑胶唱片。这将是与 Sameheads 相关或直接参与的艺术家的歌曲汇编。第一批发行唱片的会有诺沃·莱恩（Novo Line），特翁琪（Twoonky），作为经度（As Longitude）和平衡小队（Balance Crew）。之后，Sameheads 还会组织和参与三个音乐节：新跳舞幻想（New Dance Fantasy），千阳之城（City of a Thousnad Suns），营地史诗（Camp Cosmic），邀请来自欧洲的电子舞蹈音乐圈的先驱们。

《摩登天空》杂志团队在 Sameheads 的帮助下，于柏林完成了一场“另类时尚”的拍摄。拍摄过程中，内森全程帮忙举着补光灯、出主意、满屋翻找着各种能用得上的道具，精力旺盛得像个 20 岁出头的小伙子。拍摄间隙，他跟我说：“我来柏林，有一部分原因就是想要保持年轻。”并且认真地重复了两遍。看着满屋的奇思妙想和来来往往的艺术家们，我猜想，在“保持年轻”这一点上，他与柏林都做到了。

Model 模特 _ Claude Gerber **Jacket 夹克** _ Therapy recycle & exorcise
Top 上装 _ Hannah-Lee Jade **Chocker 颈饰** _ Therapy recycle & exorcise
Dress 裙子 _ Raquel Hladky **Pin 胸针** _ Sameheads
Belt 腰带 _ Raki **Shoes 鞋** _ RAID

Model 模特 _ Jessica Comis
Dress 裙子 _ Lady Gonzalez
Leggings 紧身裤 _ Lady Gonzalez
Trousers 裤装 _ Pep Trapiello
Coat & jewellery 大衣 & 首饰 _ Stylist´s own
Shoes 鞋 _ Model´s own

Model 模特 _ Mario Campos
Waistcoat 背心 _ Lady Gonzalez
Jacket 夹克 _ Lu La Loop
Skirt 裙子 _ Raquel Hladky
Pin as earring 耳饰 _ Sameheads
Shoes 鞋 _ Model´s own
Belt + rings 腰带 + 戒指 _ Stylist´s own

Model 模特 _ Cassandre Clerc
Top 上装 _ Therapy recycle & exorcise
Trousers 裤装 _ Therapy recycle & exorcise
Skirt 裙子 _ RaKi
Coat 大衣 _ RaKi
Pin 胸针 _ Sameheads
Shoes 鞋 _ Model´s own

NEW DANCE
FANTASY

Model 模特 _ Brandi Alarcón **Jacket 夹克** _ RaKi
Top 上装 _ Pep Trapiello **Trousers 裤装** _ Ket Void
Pin 胸针 _ Sameheads **Belts 腰带** _ Stylist's own
Shoes & jewellery 鞋 & 首饰 _ Model's own

Mario & Liina
马里奥 & 莉娜

我们已经在柏林住了 14 年了。我们现在都在这家酒吧工作，不过偶尔我们也会抽空做做木工，动画设计、平面设计之类的，也会画画。

Lina：我觉得柏林是个让人很放松、很自由的地方。
Mario：嗯，放松，而且恶心。我很喜欢这种“令人作呕”的事情。
Lina：嗯，我喜欢让人放松的事情。

Lina：哈哈，我都想说是你了！不过公平起见我还是想想其他人。我见过很多有意思的人，有的人是那种很烦人，但同时又很有趣的人。
Mario：我觉得我现在的老板就挺有意思的。
Lina：但事实上，我们生活的这个小社区里的人都很好玩儿，而且是不同意义上的好玩儿。两个人可以从头到脚没有一点相似之处，但他们两个人都很有意思。让我们只选出一个最有趣的人实在是太难了。

Mario：我最喜欢的地方是城里的运河，冬天运河结冰了我们可以去滑冰。
Lina：还有柏林的其他小河流，夏天可以游泳，虽然水看着不怎么干净。

Instagram 图片墙账号	@nemesis_air
Artist name 艺名	NEMESIS

MARIO &LIINA
马里奥 & 莉娜

Occupation 职业	Visual and graphic artist 视觉和图像艺术家
Link 链接	www.shockingfilm.tumblr.com

我刚刚从布拉格回来，我在那里的一个教堂有一场演出。我的创意来源是，在教堂里总会有阴茎的，因为教堂里总是有男人的。比如最近在波兰堕胎被禁止了，但我觉得女性应该是有自己做决定的权利的。但从来没有人问过她们的意见。就算我本人喜欢男人，我依然觉得女性应该有更多的主导地位。但很多人还是怕所谓的黑暗的、可怕的女权主义，也可能是出于一种对月经禁忌的恐惧。这几个人物形象来源都是 Sameheads 里的人，Lina、Josephine 和 Trixie。我把 Lina 的形象设计成了一个教皇。一共有 12 个角色，男女性别互换了，耶稣是个女孩，玛丽是个男孩。

VIVI 薇薇

Artist name 艺名
Viviana Druga

Instagram 图片墙账号
@viviana_druga

Occupation 职业	Performance artist 表演艺术家 and photographer 摄影师
Link 链接	www.vivianadruga.com

Viviana Druga
薇薇安娜·德鲁佳

我叫 Viviana，我在柏林住了差不多 10 年了，我是个表演艺术家。用一个词形容柏林的话，可能是爱吧。我最近设计了一个教堂！掌控自己的设计作品的感觉真棒。最有趣的人？这个好难回答，我从来没被问到过这个问题。不过最近我认识了 Hanas Heiner，他是做机器人和其他一些相关设计的，最近我们还给他在 Monster Cabinets 办了个展，我很喜欢他。

Soundcloud 声音云主页	
soundcloud.com/johannes-büegeleisen	
RYAN 瑞恩	
Artist name 艺名	**Occupation 职业**
Johannes Bügeleisen	Music composer / Performer 音乐创作者 / 表演者

Soundcloud 声音云主页	
soundcloud.com/paularambula	
PAUL 保罗	
Artist name 艺名	**Occupation 职业**
Paul Arámbula	Music composer / Performer 音乐创作者 / 表演者

Johannes Bügeleisen, Paul Arámbula
约翰内斯 · 布格雷森，保罗 · 阿拉布拉

J：我在柏林住了 14 年了，我既是个酒保，也是个音乐人。

P：我住了 5 年。工作嘛，和他一样，酒保和音乐人。

P：我觉得柏林是神秘的。

J：印象最深的时刻，对我来说应该是在酒吧工作的这些时候吧，遇到不同的顾客，听他们谈论不同的东西，有时候会觉得挺沉重的。每次我工作的时候都会遇到这种情况。

Link 链接	www.dakini-agency.com

JOSEPHINE
约瑟芬

Artist name 艺名	Occupation 职业
Frau Feeger / Dakini Agency	Performance artist / Costume 表演艺术家 / 服装师
	Instagram 图片墙账号
	@dakini_agency

Josephine
约瑟芬

我觉得柏林就像一个洗衣机一样，人们到这里来洗刷掉过去的身份，然后以新的自我的身份重新步入生活。最近印象最深的事……可能是我找到了新的心态平静的感觉？我在柏林最喜欢的地方……我最喜欢的是弹跳城堡城市 (Bouncing Castle City)，那儿有十三个蹦床，你可以去蹦一整天。

SOPHIE, ANNE & KAROLINA
苏菲，安妮 & 卡罗琳娜

Artist name 艺名

House of Doll,
Poppy Cox,
Karolina Svärd

Link 链接

www.houseofdoll.org

Occupation 职业

Performance artists / Costume makers / Exhibition curators
表演艺术家 / 裁缝 / 策展人

Instagram 图片墙账号

@rubbish_fairy_
@misspoppycox
@bibgul

Rubbish Fairy(House of Doll),
Poppy Cox,
Karolina Svärd
娃娃屋，
罂粟考克斯，
卡罗琳娜 · 斯瓦德

R：我叫 Rubbish Fariy，我在柏林差不多待了 10 年了。

P：我叫 Poppy，我在柏林住了五六年吧。

R：我主要做视觉艺术设计。

P：我是演员，也会做戏剧的服装设计。

R：柏林真的是个很脏乱差的地方！

P：嗯，我也同意。

R：最近让我印象最深的事可能是在柏林过冬吧，

P：我比较喜欢去年 7 月在柏林的漫展！我总是忍不住回想那天的场景。

R：我最喜欢的、有意思的人是艺术家 Moran，她既会表演又会做雕塑，她能把这两样东西融合在一起，并且注入更高层次的意义，这给我很多启发。

P：我知道最有意思的一个人也是一个女性艺术家，她会用乳胶做一些饰品、艺术图片什么的，看起来很酷。

R：我还知道一个音乐人，Vispala，她很擅长用电脑制作不同风格的音乐，科技舞曲、朋克和迪斯科都有。这可能是个未来做音乐的趋势。

R：我最喜欢 Teufelssee，是个湖，就在柏林的市区周边。在德语里，这个地方的意思是“魔鬼之湖”。

P：听说好多人去那里游泳、洗澡回来就生病了！

R：每个周二和周五，这附近还有一个土耳其市集，我会去买布和吃的。

P：还有城里的运河，两周前运河结冰了，我们还在上面走路来着，好像只有那一天真的结冰了。那天可能去了有差不多 200 人，还有人在冰面上弹吉他！

Raki Fernandez
拉基 · 费尔南德兹

我叫 Raki，在柏林已经住了 11 年了，是个时尚设计师。我会用“自由”这个词来定义柏林。最近印象中最开心的时候是我的侄子出生了，我们给他起名叫 Floyd，Pink Floyd 那个 Floyd。我的男朋友 Nathan 是我认识的最有趣的人，很有创意，也有自己的信仰和原则，每天能和他在一起很幸运。

Artist name 艺名	RaKi
Instagram 图片墙账号	@dressedbyraki

RAKI 拉基

Occupation 职业	Fashion designer / Stylist / Costume maker 时装设计师 / 造型师 / 裁缝
Link 链接	www.rakibcn.com

Link 链接

www.thebronzemedal.tictail.com

Instagram 图片墙账号

@thebronzemedalapparel

CRISTINA
克里斯蒂娜

Artist name 艺名

The Bronze Medal

Occupation 职业

Fashion designer
时装设计师

Cristina
克里斯蒂娜

我最近想的比较多的可能是柏林的政治环境吧。我在柏林最喜欢的地方就在我家后面，坦佩尔霍夫，曾经是希特勒建的一个机场，现在变成了一个公园，也正是因为由机场改造而来，这个公园非常大，你可以在里面找到一个人待着的清净地方，也可以遇到各式各样的人，运动的、野餐的、遛狗的、无所事事的都有。

Oscar der Winzige
小小奥斯卡

我叫 Oscar，在柏林住了 8 年了。我的工作是在夏天举办各种各样的大型活动，不过不是在柏林而是在立陶宛。我们举办的活动并不是官方的，更像是一些小众的活动，所以找场地、联系艺人这些事儿都得我们自己来办。周末的时候我会自己玩玩音乐，有时候也会来 Sameheads 这样的酒吧做 DJ。柏林对我来说像是个根据地一样的地方，地理位置很方便，去伦敦、意大利都只用一个小时，两个小时就可以到西班牙。柏林也是个很自由的地方，比如我做的音乐在其他地方可能不太受人待见，但在柏林会有欣赏我作品的观众。最近最开心的时刻，是我在立陶宛的朋友来柏林了。我们是在柏林认识的，他有一次来柏林工作，无处可去的时候在一家俱乐部门口听到了我当时做的音乐，于是找进门来，之后我们就认识了，还一起在立陶宛举办过活动。在柏林，很多美好的事情都会发生。很多人都有着共同的爱好、希望，大家都是年轻人，来自不同地方，共同的地方会带来共同的话题。我在柏林最喜欢的地方就是我工作的 Sameheads。还有一个和这里很像的地方，一个很小的酒吧，而且还很有神秘感，不是有大门脸可以随意去的地方，会有很多很有意思的秘密派对。

Soundcloud 声音云主页

soundcloud.com/octatanz

OSCAR
奥斯卡

Artist name 艺名

Oscar der Winzige

Occupation 职业

Music composer / Sameheads resident Dj
音乐创作者 / “孪生大脑”驻场 DJ

Andrea
安德莉亚

我叫 Andrea，我是个电子音乐制作人，在柏林住了 5 年了。柏林是个很冷的地方。最近在柏林印象最深的时候是上个夏天吧，有音乐节，和朋友一起去玩得很开心。我认识的最有趣的人啊，默克尔啊！她是个非常强大的女人，我很欣赏这样的女性。虽然不是她的铁杆粉，但我很尊重她。而且想想看，一个女性在欧洲、在全世界的影响力越来越大，不是一件很激动人心的事情吗？在柏林我最喜欢的地方是 Sameheads，不过还有 Bridge of Ostbahnhof，我住得离那里很近，从桥上可以看到亚历山大塔和整个城市的风景。

Artist name 艺名	Occupation 职业
Eva Geist / As Longitude	Music producer / Dj / Sound artist 音乐制作人 /DJ/ 声音艺术家

ANDREA 安德莉亚

Soundcloud 声音云主页

soundcloud.com/andreanoce
soundcloud.com/as-longitude

Matt & Tammy
马特 & 塔米

Matt：我叫 Matt，这是我的女朋友 Tammy。我在柏林住了两年了。

Tammy：我在柏林住了 15 年了。

Tammy：我现在是个美食记者，不过有时候也会做一些演出和视觉设计。

Matt：我在酒吧工作，还有另外一份兼职。我们两个在一起差不多一年了。

Tammy：我觉得柏林是个非常即兴的地方。

Matt：柏林很友好。

Tammy：最近印象最深的时刻是我有一次演出的时候，是在画画，画一些人和他们满脑子里都是关于性的想法，身边人来人往并没人注意到我。后来有一个小孩子来问我这是什么，我说就是艺术啦。我觉得我可能需要其他一些和公众沟通的方法。

Matt：我印象最深的一次是 Sameheads 办的一次活动，叫 Goga。那次活动之后我才知道我住的这个小社区是非常有个性的。

Matt：几乎不可能选出一个最有趣的人，平时我们一起出去玩的人都真的很有意思。

Tammy：你看看我们现在周围的人，都非常有意思的。不过我知道有一个总是骑车的人，已经骑了 12 年了，有时候会按车铃或者搞出一些其他声音，想吸引人们的注意力并且呼吁他们在选举中积极投票。12 年了，每天都这样，风雪无阻的！我很欣赏他这么有毅力。

Matt：选一个“最”喜欢的地方也很难，我们经常来 Sameheads

Tammy：我最喜欢河边的一片空地，有人会在那里放一些摇摆乐，很放松。

MATT & TAMMY
马特 & 塔米

Artist name 艺名	Occupation 职业
MATAM	Performance artists 表演艺术家

Link 链接

www.antochrist.com

Instagram 图片墙账号

@antochrist_and_casioono

ANTO CHRIST
安东·克里斯特

Occupation 职业

Crochet artists,
painter, curator,
Adornist movement founder
编织艺术家 / 画家 / 策展人 /
社会活动家

Artist name 艺名

Anto Christ
& Caio Ono

Anto Christ
安东·克里斯特

我是个艺术家，会和我丈夫一起做一些好玩的创作项目，我自己也会画画、摄影、做一些化妆设计，或者帮别人照顾小孩子。我觉得柏林是会给人带来灵感的一个地方。我们在这里举办过几次“色彩大游行”，不过奇怪的是几乎每次我们办的时候都会下雨，但还是很好玩。这是我最近印象很深、很喜欢的时刻。

Occupation 职业	Fashion designer 时装设计师
Link 链接	www.raquelhladky.com

RAQUEL 拉奎尔

Artist name 艺名
Raquel Hládky
Instagram 图片墙账号
@raquelhladky

Raquel Hládky
拉奎尔·赫拉迪基

我从 2005 年就开始住在柏林，到现在 12 年了，太久啦！我是个时尚设计师，2016 年开始做自己的品牌，有时候也接一些其他的工作。柏林现在太拥挤了，人比以前多了很多。

Soundcloud 声音云主页

soundcloud.com/dane-close
soundcloud.com/leozylberberg

GARETH & LEO
嘉瑞斯 & 里奥

Occupation 职业	**Artist name 艺名**
Music producers and resident Sameheads DJS 音乐制作人 / “孪生大脑”驻场 DJ	Dane Close & L.Zylberberg AKA Balance Crew

Gareth & Leo
嘉瑞斯 & 里奥

L：我在柏林住了 7 年了，我从事音乐工作，有时候还做做吃的。

Dan：我在柏林住了 11 年，我是个 DJ。

L：一个词形容柏林的话，可能是“重复的”。

Dan：嗯，我也会用这个词。

L：最让我开心的事，大概是最近第一次做现场演出的时候。

Dan：对我来说是做专辑和出专辑。这是我的第一张专辑。

Dan：我在柏林认识的最有趣的人当然是 L.Zylberberg 了！

L：我在柏林最喜欢的地方就是 Sameheads。

Dan：我嘛，最喜欢在床上待着。

SET DESIGN FOR
DER BLAUE VOGEL CABARET THEATER
PAVEL TCHELITCHEW
BERLIN
蓝鸟卡巴莱剧院设计图
巴维尔·切利乔夫
柏林

生活在柏林之外的人可能很难想象，在历史上，最多被比喻为希腊、罗马的地方竟是柏林。早在一战之前，这里作为世界第二大经济体的首都，就已经成为继伦敦、纽约之后的第三大都会——“施普雷河上的雅典”。但这仅仅维持了几十年，处于两次世界大战之间的短命的魏玛共和国，奇迹般地带给了20世纪一个新的伯利克里时代。而在之后的很长一段时间里，这里都不过是“一座保存良好的古代废墟”。

第一次世界大战没有给柏林带来严重的破坏，但这里的人民也不可避免承受着整个国家的巨额债务和通货膨胀之苦。1919年，柏林爆发了工人起义和内战，紧接着是1920年的卡普暴动。同年4月27日，柏林同其周围的8个城镇、59个村庄合并为“大柏林”，柏林的人口一夜之间增长了一倍，达到400万。

在这个共和国短命的14年统治里，并没有经历一个持续的渐进发展过程，而是在一些极端情况中来回转换——那是一个生活匆忙的年代，一个快速盈亏的时代，一个极端贫困与奢华浪费并存的时代，正如处在威廉帝国和纳粹政权之间的这个新兴的共和国，总是试图在极左和极右两种势力之间寻求一种新的出路。与此同时，爵士乐时代的欢歌纵舞如潮水般涌入，柏林也进入了新思潮、新艺术层出不穷的时期。新的咖啡馆、酒吧和餐厅雨后春笋般冒出，大家逐渐说这里是艺术家的城市，因为战争匮乏而挨饿的数百万人正在这里等待着娱乐和消遣。

这段时期，后来被称为柏林绝无仅有的“黄金艺术年代”。

因为一战，苏黎世的达达主义者们来到了柏林，他们惊讶地发现，在达达的故乡并不受待见的无政府主义和虚无主义有了用武之地。

安德烈·纪德也曾对法国达达主义者寄予厚望——“在战后，思想不应该落后于物质存在，摧毁旧的思想体系也是理所当然的事，达达主义即将担当起这项艰巨的任务。”而这种希望，却先落在了柏林达达兄弟们的头上。

当人们问“德国文化是什么？”时，他们给出的回答是“狗屎”，因为这个世界不需要艺术，而需要反艺术。无论现行的艺术标准是什么，达达主义都与之针锋相对。然而，讽刺的是，尽管达达主义如此地反艺术，达达主义本身却也成为了现代主义的一个重要流派——反艺术的“达达”。这个流派最终也被写进教科书，开启了一种最为重要的现代主义理念：颠覆一切。

1920年，柏林举办了第一届国际达达博览会，展厅中心，悬挂着拉乌尔·豪斯曼与乔治·格罗斯的作品——穿着军装的猪头傀儡。其身上有一条醒目的标语：“被革命绞死”。

上帝说，要有光！然而，这儿并没有光，只有达达。

这场庆祝德国文化乃至整个欧陆文化统死亡派对，就始于铺天盖地的蒙太奇。

在西美尔的笔下，大都会的特点，都在于每个个体内心印象接连不断地迅速转换而带来的精神紧张，而蒙太奇毫无疑问就是这种紧张的视觉呈现。

一种自创的新语法，开始取代过去连续平缓的审美描述——其中有无数并列的元素，但是之间却似乎找不到任何关系。可以说，蒙太奇就是大城市生活的一种恰当的重现原则，如同我们在1927年的默片《柏林：城市交响曲》中看到的，它毫无疑问不是一首“真正”的交响曲，但是，谁又能说它里面不包含5个乐章呢？

不管是电影，戏剧，还是政治宣传、广告、报纸里，蒙太奇手法的爆炸，似乎都在互换着大都会生活的忙乱和激烈。

柏林全情拥抱着所有人的到来——表现主义艺术家、共产主义的代表、裸体舞者、性学家，到黑市贩子、神秘主义者和末日论者——这座城市不仅成为了东欧难民逃离革命和战争的港湾，也成了他们创造新世界的起点。因为在柏林，一切似乎都是临时的，新来的居民生活在现在，并不受到任何过去记忆的羁绊，他们正在毫无顾忌地走向未来。

“来点儿政治！”

20世纪20年代见证了一种新的大众消费商品文化和以休闲为目的的文化的出现，这些文化并不认可社会阶层或社会环境之间的分隔。在新的大众文化中，最重要的工具是平装小说、带插图的杂志、唱片、电影，以及1923年以后出现的收音机。新的大众传媒忽略了贫穷阶

FAREWELL CABARET A PREHISTORY OF BERLIN NIGHTLIFE

再见卡巴莱 柏林夜生活的“史前时代”

撰文_weiz

STAGE PHOTO
LIZA MINNELLI
电影剧照
《歌厅》
1972

层与富裕阶层、新教徒与天主教徒、城市与乡村、无产阶级与资产阶级之间的分界线。最近的流行金曲不仅被秘书，也为他们的老板所哼唱；来自所有社会阶层的人们都会去电影院，不仅在柏林流行跳查尔斯顿舞，在乡下也是如此。

在这些现象中，保守评论家看到的是一种逐渐平凡化或美国化的德国文化，是所有真正具有德国元素的文化分解。柏林，在20世纪成为了一个古典与现代杂交的国际大都会，被传统的守卫者当作一处真正的邪恶之地，例如，工作室派对上衣衫褴褛的女性约瑟芬·贝克（Josephine Baker），这位非洲裔美国舞者穿着她的香蕉腰布衣，唱着“黑鬼爵士乐”，甚至留着剪短的现代发型，被右翼视为颓废的一切事物，从柏林开始了它征服德国的旅程。

这其中，最令人印象深刻的，便是卡巴莱。Cabaret一词来自于中世纪荷兰语的Cambret，后来开始代指“餐馆或歌厅”。早在16世纪，巴黎就开始出现了卡巴莱餐馆，但这并不是一个专门的娱乐场所，而是艺术家、作家和音乐家通常聚会的地方（因为在卡巴莱餐馆，喝多了可以自由地放声高歌）。18世纪，大量演艺咖啡厅和音乐咖啡厅开始产生，1881年，蒙马特地区的“黑猫”（La Chat Noir）成为有记载的第一家卡巴莱歌厅，短短5年后，巴黎就拥有了大约56家卡巴莱歌厅，从此，卡巴莱的最主要特征，被定义为“音乐、喜剧、舞蹈和其他艺术形式混合为一的一种娱乐性演出”。

和巴黎相似，柏林卡巴莱兴起的初期，其最关键的特征无疑是“文艺”和“时髦”，它是最新的文化形式，关系着讲话、衣着、

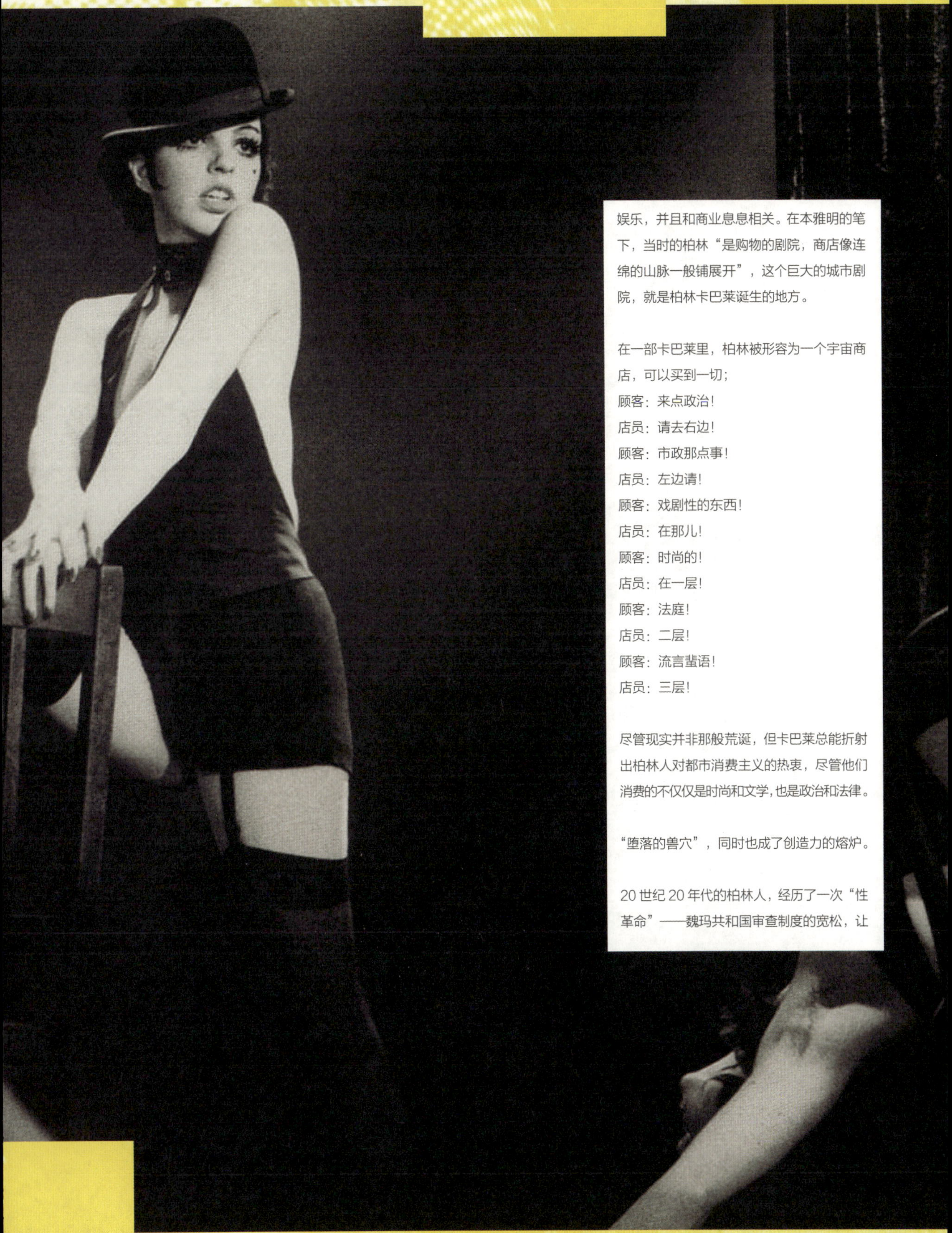

娱乐，并且和商业息息相关。在本雅明的笔下，当时的柏林“是购物的剧院，商店像连绵的山脉一般铺展开”，这个巨大的城市剧院，就是柏林卡巴莱诞生的地方。

在一部卡巴莱里，柏林被形容为一个宇宙商店，可以买到一切；

顾客：来点政治！

店员：请去右边！

顾客：市政那点事！

店员：左边请！

顾客：戏剧性的东西！

店员：在那儿！

顾客：时尚的！

店员：在一层！

顾客：法庭！

店员：二层！

顾客：流言蜚语！

店员：三层！

尽管现实并非那般荒诞，但卡巴莱总能折射出柏林人对都市消费主义的热衷，尽管他们消费的不仅仅是时尚和文学，也是政治和法律。

“堕落的兽穴”，同时也成了创造力的熔炉。

20 世纪 20 年代的柏林人，经历了一次“性革命”——魏玛共和国审查制度的宽松，让对性的讨论变得更加自由，爱、浪漫、婚姻、性交，乃至性交易，都可以在字里行间。在这个当时欧洲的男色中心，“性”一词毫无意外地成为了流行文化中的焦点。

卡巴莱成为了真正的柏林熔炉，大量的女性、女权主义者和同性恋者开始进入酒馆来支援卡巴莱的演出。在电影《蓝天使》里，卡巴莱偶像玛琳·黛德丽的男装令人印象深刻，而《它在空气中》（It' s in the Air）里的歌曲，在 20 世纪 20 年代后期成为了德国女同的非官方赞美诗。

1921 年，女歌手楚德·赫斯特贝格在国民剧院的地下室建立了自己的讽刺小品剧团“狂野舞台”（Wild Buhne）。布莱希特第一次登台就是在这儿，1924 年，这位后来被尊称为叙事剧之父的剧作家搬到了柏林，把柏林变成了实践戏剧理论的前沿阵地。

随后来到这里的，还有诗人 W.H. 奥登和克里斯托弗·伊舍伍德。这两个极欲摆脱传统性禁忌的英国年轻人，兴高采烈地扎进这个现代巴比伦，他们在很多作品中书写它，在梦境中留恋它，视其为精神家园和实现自我与自由的应许之地。尤其是伊舍伍德，在此居住三年有余，《别了，柏林》随后先后被改编成音乐剧和电影《歌厅》，并一举登上百老汇的舞台。

“亲爱的，他身上只带了一把小刀，他把它藏起来了”

1928 年 8 月 28 日，布莱希特编剧的《三分钱歌剧》在柏林的西夫鲍尔丹姆剧院首演。作曲家“德国卡巴莱”之父库特·威尔（Kurt Weill）在《三分钱歌剧》里融合了古典音乐与现代音乐，开创出一种独特的混合音乐厅、剧场、酒吧风格的音乐形式，和“资产阶级是盗贼，还是盗贼是资产阶级”以及“先吃饱饭再讲道德”的左翼观点相结合，颠覆了当时的欧洲传统。

在总结柏林演出的成功时，布莱希特曾经提到两点：年轻的无产阶级终于走进剧院，而那些上层资产阶级因为剧中所展现出的自己荒谬的举动而大笑。

这种带有态度的笑，会让这些资产阶级的代表改邪归正。这实际上是带有理想主义色彩的思考，《三分钱歌剧》通过精彩的演出确实会吸引那些不进剧院、偏爱热闹的小酒馆的观众走进剧院，也让舞台上的一切被资产阶级接受，并由此进一步认同了自己的享乐主义。

和《三分钱歌剧》所做的一样，多样的演出形式定义了卡巴莱，它从各类题材中吸收的东西——独角戏、滑稽剧、歌舞、木偶剧，甚至早期的电影短片，都可以成为卡巴莱的组成部分。

而形式背后的政治讽刺真正联合起了知识分子、艺术家和民众，而剧场，保护着前两者，让所有形式都可以合二为一，让不同人得以坐在一起。

柏林卡巴莱早期的一个主角——恩斯特·冯·沃尔措根（Ernst von Wolzogen），他于 1901 年创建了穆托利（Motley）剧场，写作过不少卡巴莱作品，包括一部以尼采“超人说”命名的讽刺剧《超级剧院》（berbrettl）。在他看来，卡巴莱不是给乌合之众看的，进入剧场的观众，应该对自身口味之外的艺术形式持有开放态度，以往被认为是街头杂耍的东西，也可以走上舞台。

用象征主义投射现实，高级艺术和低等艺术界限的模糊化，让卡巴莱成为了魏玛时期最突出的艺术，并发展成以诗歌、散文、文学短剧或者以幽默讽刺见长的小品剧为文本的形式。

1933 年，伊舍伍德的《别了，柏林》被哈尔·普林斯（Hal Prince）导演改编为音乐剧《我是一部相机》和《三分钱歌剧》一起在百老汇上演。而根据这部音乐剧重编的电影《歌厅》中，有一幕场景——主持人和舞女身着鲜艳的花边内衣、丝袜和吊袜带上台，演出一开始似乎就带有浓重的色情意味，但在末尾，鼓手突然停止了演奏，与此同时，舞女们夸张地把帽子转了个个儿，拿掉头饰，帽子就变成了德军头盔，而先前手中的手杖被当作了步枪。鼓手打出了军乐节奏，台上的舞女们扛着“步枪”，踢着正步，面无表情地随着鼓点走下台，而主持人却挑着帽子，对着观众露出挑衅的笑容。

另一部电影《蓝天使》中，曾经的教授拉斯，因为偶然迷恋上了卡巴莱表演者罗拉而逐渐地失去了自信，他不得不用罗拉扔掉的内裤擦眉毛，在观众中贩卖明信片，甚至表演一只滑稽的公鸡。穿着暴露，抽烟喝酒的罗拉，颠覆了传统意义上的女人形象。她视爱情为游戏，男人为猎物，追求自由和快乐。这个形象在当时的社会，乃至在现在也是很难被保守的市民社会所接受的。在这里存在着不同的世界，身体与灵魂，保守的市民生活与理想的自由生活。

卡巴莱最独特之处就在于，不论是对于支持者还是观众而言，剧场中发生的一切，都在替他们实现一个梦想——尽管没有人真的会认为舞女会变成德军，或者教授会扮演公鸡，但每个人都希望，高处的世界在无望地降落，新的价值和文化，这次将由下方的世界定义。

可惜，不久后，纳粹的上台给了卡巴莱以沉重一击，在柏林尤其不得民心的希特勒大力清洗着自己的敌人，而卡巴莱的大部分从业者都是自由主义者、左派分子和犹太人。幸运儿们在几周之内就离开了德国，库特·威尔等作曲家都流亡到了法国，布莱希特则不得不远走丹麦。而剩下的“雅利安”表演者们不得不对这个仇视他们事业的政体妥协。想留在柏林的人不得不试着创作“积极的卡巴莱”，为他们以前讽刺的敌人喝彩，仍然坚持开纳粹玩笑的两家著名的卡巴莱俱乐部“地下墓穴”（Catacombs）和“小叮当”（Tingel-Tangel）则被先后关闭；一些卡巴莱艺术家的名字陆续出现在暗杀名单上。

《歌厅》中的一幕似乎在柏林真实地上演了——

人们把犹太人和银行家勾结的谣言登在报纸上，无知的民众纷纷听信，毫不怀疑。《明天将属于我》（Tomorrow Belongs to Me）一首歌，前段在描写世间各种美妙的场景，如“菩提树的枝丫上长满了绿叶”，“摇篮里的婴儿闭上了双眼”，随后话锋一转：“但是在某个角落，荣誉在等待我们，明天属于我们。”民众们显然被歌声的优美所打动，却意识不到背后隐含的危机，都跟着唱了起来。

镜头对准了观众席上人们欣喜的表情，他们似乎没有意识到危机的来临。而在影片末尾，在舞台金属布景的反射下，我们却看到了观众席上多了身穿纳粹军装的士兵——邪恶终于入侵，这座城市依然浑然不觉。

尽管如此，卡巴莱仍然流传在民间，甚至在集中营中，卡巴莱仍在被当作巧妙伪装的政治歌谣传唱。

臭名昭著的达豪集中营就是一个特例。因为这里经常被作为对外宣传的端口，剧场的存在是有益无害的，所以卡巴莱成为了人们抒发情绪的出口。达豪收容的大量艺术家，在集中营中组成了合法的剧团，可以演出任何不触及政治的歌曲。而其他的内容虽然禁止上演，但是在某些特殊的时刻——通常是星期天，工作不太多，长官喝醉时——看不到未来的人们，也可以在这里短暂地分享余时不多的卡巴莱时光。

不论是过去还是现在，无论是在卡巴莱歌舞表演、时俗讽刺剧中，还是在真实的政治生活中，柏林一直反映着整个欧洲的核心样貌。当兴起的纳粹势力倾向于用骨科矫正的形式纠正文化艺术上的知觉性紊乱时，卡巴莱却在这种“医学审查”之外寻找着自己的安全地带，不论是在集中营里，还是集中营外。

直到1937年，戈培尔禁止了德国舞台上所有的政治主题演出，剧场中的卡巴莱沦为了纯粹的歌舞杂耍。曾经的犹太卡巴莱作者马克斯·厄里奇（Max Ehrlich），在柏林的一个剧场中做了这样的开场白——“开玩笑的时代已经过去了，我们要做的就是让你们都有好心情”。

但谁会有好心情呢？真正的柏林卡巴莱从剧场中彻底消失了。

随着大部分青年男性被征入军队，卡巴莱舞台上几乎只剩下了女孩们。二战期间，对柏林的轰炸，几乎摧毁了整座城市。

“如果说我帮助建立起了什么东西，那也不过是一种姿态。摇滚乐正从每个人身上走过。”

随着柏林卡巴莱创作者的流亡，美国在二战期间成为柏林卡巴莱艺术家的大本营。1938年，瓦勒斯卡·格特（Valeska Gert）在格林威治村开了乞丐酒吧（Beggar's Bar），但直到12年后回到柏林时，她的经济情况才有所改善。费里德利希·霍兰德尔（Friedrich Hallaender）在洛杉矶重启“小叮当”（Tingel-Tangel）的尝试也算不上成功，但这里至少是一个避风港。霍兰德尔后来去了好莱坞，库特·维尔也选择了相似的道路——他创作的音乐剧被认为奠定了百老汇音乐剧，甚至美国流行音乐的未来。

通过音乐剧的形式，卡巴莱开始被英美国家熟知，不少当时正值青年的音乐人，都受到了这种复杂的艺术形式影响，其中最著名的一个，就是大卫·鲍伊。

这让鲍伊在跟着伊基·波普和布莱恩·伊诺来到冷战时的柏林之前，就已经和它产生了联系。

1970年，鲍伊组建了一个名为“炒作”（The Hype）的乐队，乐队成员每个人扮演成一个虚构的角色——鲍伊是彩虹人，约翰·剑桥（John Cambridge）则是海盗，米克·罗森（Mick Ronson）是个匪徒，托尼·维斯康蒂（Tony Visconti）则是Hype Man（调动音乐会现场的气氛的人），自带一种超级英雄式的扮相。

当时这样的演出极为让观众感到困惑，所以很快就被忽略了。很多人印象里的鲍伊仍然是那个靠着《太空怪谈》（Space Oddity）偶然走红的偶像小生，很多年以后，他们才发现，正是从“炒作”这个名字开始，鲍伊的摇滚变装术开始了——

40年后，我们大概很难想象，1971年《出卖世界的人》（The Man Who Sold The World）封面上鲍伊穿着的拉斐尔前派风格裙子，曾经引发了多大的

1

1. DAVID BOWIE AND IGGY POP
MOSCOW RED SQUARE
大卫·鲍伊和伊基·波普
莫斯科红场
1976

2. POSTER
CABARET
电影海报
《歌厅》
1972

争议，以至于美国听众看到的封面不得不被替换成了一幅卡通牛仔画。

当人们还在穿着嬉皮时代流传下来的牛仔长裤和麻布衫，留着长发时，鲍伊就已经开始穿着女装出入于同性恋酒吧，或者和穿着长裤的女友一同出没于街头。他没有走上那条别人期待他走上的摇滚巨星之路，而是在“制造”摇滚明星。

1972 年 7 月 6 日，鲍伊站上英国电视节目《流行之巅》（Top of the Pops）的舞台时，也并不知道，1 500 万英国观众在电视机前见证这次震撼的音乐革命，而革命的主导者并非鲍伊本人，而是一个雌雄同体的外星人——齐吉星尘（Ziggy Stardust）。

这个形象在当时无疑是一场现象爆炸——鲍伊鲜红的头发，额头上的闪电标记，五彩连体衣和夸张的表演，似乎集合齐了鲍伊之前所有喜爱的东西——从早期摇滚、卡巴莱到库布里克风格和概念艺术。当时这个世界里所能看到的一切前卫的东西，都被集合在了一起。

而现实中的鲍伊，在当时的世界也毫无疑问是一个“外星人”，并且早在他承认自己是同性恋之前就开始了。于是，摇滚乐历史上最出名、也最荒诞的形象 Ziggy Stardust 诞生了，这也是他创造出的最具有现实意味的形象——一位来拯救地球的外星人明星，最后却被他的歌迷杀害了。

在音乐界人们宣称，摇滚是某种可靠的个人表达和社会意识时，鲍伊却说——Ziggy Stardust 不是我，就是 Ziggy Stardust，而你们需要的正是“它”。

有趣的是，同一时期，鲍伊在 Ziggy Stardust 演出时，还借用过一个危险的政治象征——纳粹党卫军的闪电标志。这不得不让人想到——Ziggy Stardust 的命运，也和德国历史上最著名的政治人物如出一辙。

可以说，希特勒是最早期的摇滚明星之一，看看他在历史资料里是如何演出的吧……他知道怎么煽动观众，怎么创造戏剧性，可以说，他把整个国家都当作了自己的舞台。

Ziggy 的形象连同他的命运，都形成了一场惊人的摇滚卡巴莱。在英国巡演的最后一场，鲍伊和他的戏剧老师林德塞·坎普（Lindsey Kemp），把现场版《弗兰肯斯坦》里一整套木板梯子和脚手架搬上了舞台，让摇滚乐、歌舞伎风格的服饰、剧场式的灯光、舞蹈和喜剧在这个外星人身上，给了当时性别分明、风格单调的流行乐坛以致命一击。

2

KABARET
Produkcja: Feurer and Martin
Amerykański musical filmowy
nagrodzony 7 Oscarami
Reżyseria
BOB FOSSE
W głównych rolach
LIZA MINELLI
Michael York
Joel Grey
W. GÓRKA 73

借这个“宇宙塑料人”之口，鲍伊表达了自己“达达”的一面——“生活里没有笔直的路……我有一个明显的感觉，没有什么事是真的，未来有一天也可能呈现出现在我们推测的样子。过去其实也一样。所以，一切事情都在等待一个意外的一击，如果你想要真实，你就应该自己构建它。未来就是我们，就是现在。”

短短十几年前，“最高达达”拉乌·豪斯曼曾经设想着和约翰内丝·巴德成立一间基督公司，任何人只要付一笔钱，就可以成为基督。

而 20 世纪 20 年代的鲍伊说：“我创造了一个塑料摇滚明星，而他成就了我，这一点儿也不意外。”

DAVID BOWIE, ROBERT FRIPP AND BRIAN ENO
Hansa Studio
大卫·鲍伊、罗伯特·弗里普和布莱恩·伊诺
汉莎录音棚
1977

可以说，在20世纪20年代卡巴莱的黄金时代过去半个世纪后，这种复杂夺目的奇观，几乎又完整地重现在了70年代初的鲍伊身上。艰难地度过自己想要抹去的60年代后，鲍伊开启了自己短暂的华丽摇滚时期，尽管这在摇滚变色龙一生的传奇中只持续了3年，却重新塑造了鲍伊的世界，至少是鲍伊想让我们了解的那个……

在之后鲍伊创造的“万圣节杰克”“瘦白骑士”等等角色里，他也似乎不断地在用安迪·沃霍尔的名言提醒我们——“生活是一场表演”，而在电影《歌厅》里，这句话变成了一句台词：“生活就像卡巴莱。”

“我们会成为英雄，即便只有一天”

鲍伊在柏林的故事，已经在之后的50年，流变为一个传奇。你可能随时在和鲍伊相关的网页上看到这样的语句——

1977年大卫·鲍伊和伊基·波普两位摇滚巨星先后迁居西柏林。也许是创作源泉的枯竭，名声饱和带来的狂躁，也许是为了戒掉毒瘾，他们急需逃离。而柏林这座历经战争浴火的城市，带着交战中的撕裂、突奔、剧痛，仿佛为他们枯竭的艺术创作生命找到了一个突破口，于是，他们决然地将西柏林作为他们心灵的重建之地，渴望得到凤凰涅槃般的再生。

在西柏林的日子里，鲍伊跟伊基·波普同住，并迅速与德国前卫电子乐团“发电站”（Kraftwerk）结识。同为发电站乐迷的布莱恩·伊诺（Brian Eno），也是在这段时间里开始跟鲍伊相熟起来的。

其后3年，他和搭档布莱恩·伊诺联手推出“柏林三部曲”——《低迷》（Low）、《英雄们》（Heroes）、《房客》（Lodger），被誉为“像糖水一样好喝的实验摇滚”，代表了鲍伊全盛时代之后的一种反省。

这三张专辑，以及伊基·波普的两张专辑，便是在柏林墙边的汉莎录音棚录制的。透过窗户，便可以窥见墙内墙外的紧张局势。每次在日落时分，鲍伊都会看见，西德的一个男人爬上一座瞭望台，与此同时，东德的一个女人也会爬上一座瞭望台，四目相望，深情凝视。一个战争中凌厉的爱情故事。东西德冷战分隔的28年间，据记载，至少有255人在翻墙时被射杀。他们这份为着所爱之人，毫不畏惧、坚毅刚烈的坚守无不打动着鲍伊的心。于是，这一幕后来成为他创作《英雄》这首歌的初衷。

“枪林弹雨，从我们的头顶呼啸而过。
我们忘情亲吻，仿佛没事发生。
耻辱属于敌方，
我们可以击溃他们。
然后我们就是英雄，即便是一天。”

1987年，鲍伊在柏林帝国大厦前举行大型露天演唱会，有些音箱向着一墙之隔东柏林的方向，在唱《英雄》一曲时鲍伊还特地用德语向墙的另一头的粉丝送上祝福。东柏林的上千粉丝涌入勃兰登堡门，想隔着柏林墙凑着听鲍伊的摇滚乐。演唱会到第三天，东德的人民警察开始镇压聚集群众，抓捕了200余人。因此，早在1987年，而不是1989年，就有鲍伊的粉丝开始高呼：“这墙必须推倒！”

而这一切，终究随着柏林墙的倒塌而过去。

2013年，年过花甲的鲍伊突然悄悄发布了一首《我们现在在哪里？》（Where are we now？），这似乎是他第一次在歌曲中怀旧——伴随着一个个柏林的地名，70年代柏林的场景在黑白胶片中飞速切换。

鲍伊记忆中的柏林永远停留在柏林墙倒塌之前，而当时的柏林，似乎只是20年代的一次复刻。

而在今天的复古回潮中，卡巴莱开始成为了一个更宽泛的指称，并且似乎永远是当下。卡巴莱音乐剧在全球巡回演出，以卡巴莱为名的餐厅甚至在中国开了花，只是不论是出于猎奇还是怀旧，卡巴莱都不再与柏林有关，不再与真实的历史有关。

在《别了，柏林》一书中，伊舍伍德曾经细致地勾勒出了那个萧条年代的柏林，犹如翻开描摹众生相的老照片卷轴，浮光掠影，萧瑟猖獗，却又鲜活自由。当时的卡巴莱在今天似乎已经消失，如同柏林二战后的倾颓和冷战后的迷茫，历史总是那么相似——

“柏林最后的日子如同远古王朝的末日一般，让人有机会沉思冥想：我们怀着同样吃惊的感觉，同样的想象力，仿佛朝着罗马的圆形竞技场走去。”

【部分资料参考自 Ian Chapman 博士的论文 David Bowie: Life is a Cabaret】

GAVIN EVANS BERLIN IS A DANGEROUS MAGNET

加文·伊万斯 柏林是一块危险的磁铁

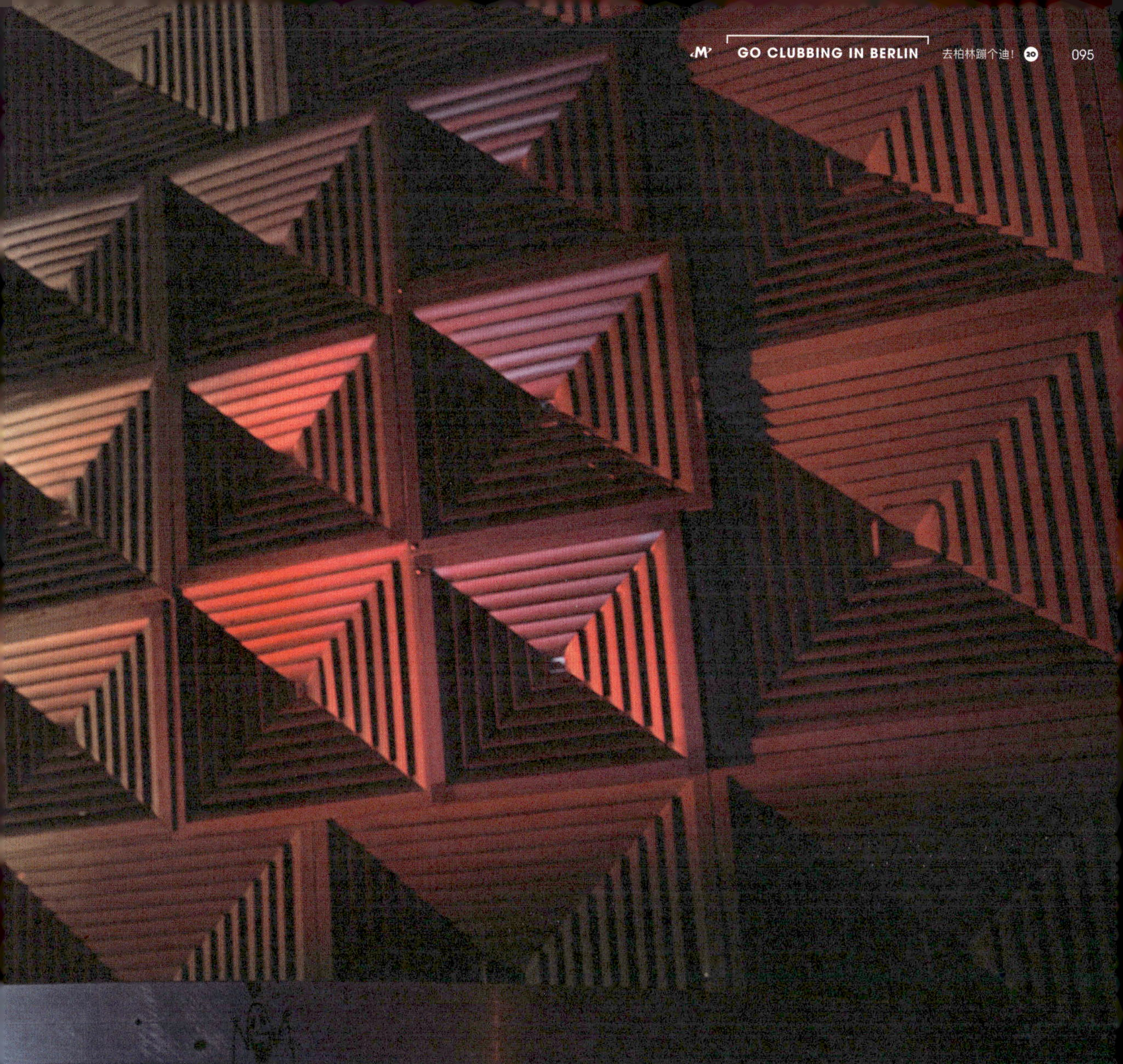

英国摄影师加文·伊万斯（Gavin Evans）三年前刚刚来到柏林，但他与柏林的缘分却很早就开始了。

1995 年，加文·伊万斯受伦敦一家杂志委托，在录制《外面》（Outside，与布莱恩·伊诺在柏林合作的专辑）的期间拍摄鲍伊。鲍伊想给这次拍摄留下一些与众不同的东西，所以戴了一对蓝宝石色的隐形眼镜，遮住了标志性的双色瞳孔。随后，这一系列成为鲍伊最知名的照片。此后，他还拍摄了同样与柏林渊源极深的伊基·波普和尼克·凯夫，并在 2016 年 8 月举办影展“三位一体——大卫·鲍伊、伊基·波普和尼克·凯夫：改变柏林和被柏林改变的人”（The Trinity - Three zeitguys that Berlin changed and changed Berlin）。

马克·雷德评论说：“早在科技舞曲成为人们造访柏林的原因之前，鲍伊、伊基和凯夫这三位杰出的音乐家就将柏林放在了世界的音乐版图上。也正是他们将加文·伊万斯连接到了柏林——他拍摄了他们所有人。”

《摩登天空》杂志在 IPSE 露天俱乐部访问了这位传奇摄影师加文·伊万斯，与他聊了聊音乐、摄影以及柏林是如何影响着一位又一位艺术家的。

NICK CAVE
Photo by Gavin Evans
尼克·凯夫
摄影_加文·伊万斯

摩登天空（以下简称 M）：你最初来到柏林的契机是什么？加文·伊万斯（以下简称 G）：来这里之前我已经在苏格兰待了很长时间，我觉得需要些改变，伦敦是一个选择，美国是一个选择，但是住在这些国家的大城市都太贵了，生活成本很高。如果你住在伦敦这样的地方，就需要一直想办法赚钱付租金，这样我就只能做一些广告项目，这并不是我想要的。

尽管柏林也在改变，大家都告诉我在柏林的生活也开始变得越来越贵，但是作为首都，柏林的生活还算不上太贵，我们可以负担得起，也能够有机会做一些广告摄影之外的工作。所以最终我决定来这里。

M：你拍过许多名人，包括明星、音乐人等等。你当初是为什么踏足摄影行业的？G：年轻时的我看了很多摄影作品后就自然地开始拍摄了。但是，我现在回头去分析，发现确实是有一些有意思的事情在塑造着我的摄影生涯。当我还是一个孩子的时候，我的邻居邀请我去看他家里的照片。他说“来我家一起冲印照片吧，看看出来的照片怎么样”。我去了隔壁邻居家，在进入暗房之前，他告诉我在外面等一下。我就在外面等着，他家暗房外面有一个小咖啡桌，桌上有一本书，书里有很多车祸的照片、尸体的照片，但是当时的我没有意识到，因为照片展现的方式是非常抽象的，很美、很舒缓、很奇特，而不仅仅是记录犯罪，而是偏向艺术家的展现方式——我不知道是不是艺术家指导拍摄的。总之那是我邻居的藏品，他和一名警察局摄影师是朋友。我在看这些照片的时候，意识到了它们令人惊叹的美和怪异之处，但是我没有被照片吓到，因为我不太知道里面的内容是什么。接着他从暗房出来了，一把把书从我手里抢走。

我记得有一张照片，就像这里的迪斯科球一样，我当时看着，觉得这是我见过最奇怪的迪斯科球，其实这是一个车祸受难者的头，车上的碎玻璃都插在他的头颅上，看起来可怕极了。所以他的头上覆盖满了玻璃以后，看起来就像镜子一样，但是照片里没有展现出可怕，展现的是令人惊叹的奇妙画面，一个闪闪发光的球体

当时我只是一个 12 岁的，在英国北部长大的普通孩子，在这之前从未对摄影产生过兴趣。

在这之前我所认识的摄影都是报纸上的新闻照，婚礼摄影，你知道的，都是这些日常的普通照片，我从来没有看过这样的照片。自从这个经历发生，我就开始思考摄影的本质是什么。我也开始思考摄影的道德边界在哪里，要怎么拍摄一个死去的人。这些都是受害者，遭遇车祸的、被谋杀的、遭遇意外的……我当时想，这种媒介太有冲击力了，当然当时的我没有用媒介这个词，但是我的确觉得这是一种非常有力量的传播方式。

这次经历鼓励了我的练习。后来我 13 岁的时候，朋克流行起来了，我得到了一台照相机，这台照相机成为了我的演唱会通行证。我就直接去演唱会里当摄影师，可以看到所有的活动。再后来这台照相机又把我带去了后台。

我的第一次拍摄名人的经历是在我 15 岁的时候。我没有把他当成名人拍摄，给他塑造光环，我并不觉得我的工作是让他在照片里显得好看，我只是把他看作是一个我的拍摄对象而已。之后我就一路这样拍下去了。

M：能谈谈给大卫 · 鲍伊拍照的经历吗?

G：那是我第一次、也是最后一次见大卫 · 鲍伊。他非常平易近人，整个工作室本来处于一种有点儿紧张的状态，但是他瞬间消除了那些不安。在化妆间里，他跟我说："我有一些东西给你。"我问是什么，他说："我知道你喜欢奇怪的东西，你看我这里有一些眼珠。"我说："好吧，现在我有眼珠了，还有别的吗？"他又拿出了蓝色隐形眼镜。这些是他当时仅有的装扮道具了。你知道的，他总是穿着各种各样的衣服变装成各种各样的人。但是我见到他的时候他穿着非常普通的衣服。我当时在想，蓝色隐形眼镜又能改变什么呢?结果改变是非常彻底的。

接下来这也变成了一个巨大的问题，因为照片里他的眼睛是蓝色的，好多人问我为什么要把他的眼睛变成蓝色。其实蓝眼睛是他自己开的玩笑。但我却要为此付出代价。

M：那伊基 · 波普呢？你在拍摄之前跟他谈过吗? G：没有。伊基 · 波普的案子我是在伦敦接到的，我被要求和一个造型师合作。一般我不和造型师合作，因为我不是时尚摄影师。但朱迪 · 布雷姆（Judy Blame）是个伟大的造型师、绝对的艺术家，我看过他的所有作品，也拍过他。总之我和他一起飞去纽约"打造"伊基 · 波普。

2018.3.20
16:00

我们俩开了个会，我说，朱迪你知道我之前不和造型师合作，我不懂时尚，我只是很尊重你，想与你和波普合作。后来我们飞到纽约。他带着一个包，包里都是他的点子，比如说一双渔网袜，一件粘了创可贴的 T 恤——伊基 · 波普曾经自残过，所以朱迪的想法就是让他穿上有创可贴的衣服。包里还有 3 个羽毛装饰、一件上面写了脏话的 T 恤。当拍照片的时候，我把音乐打开，我们聊了会儿天，挺好玩的，伊基开始跳舞，并很快地换上朱迪带来的衣服。

IGGY POP
Photo by Gavin Evans
伊基 · 波普
摄影 _ 加文 · 伊万斯

M：在你看来，这三个人如何改变了柏林，柏林又如何改变了他们？ G：他们在柏林变得有创造性了。他们当时都处于人生低谷，可能鲍伊还没那么失败，但是另两个人当时都挺失败的。他们来到柏林，重新组建工作室，开展一系列的工作，这都是因为柏林给了他们机会、空间和素材。所以"柏林改变了他们，他们也改变了柏林"。这是双向的。当然他们后来都离开了柏林，但柏林已经在他们身上种下了创造性元素的种子。他们也把柏林钉在了音乐版图上……人们开始意识到这些伟大的专辑是在柏林创作、录制的。柏林也接受着这一切，艺术家、知识分子……

M：这个展览只在柏林吗？还是会巡回？ G：我们的基地在柏林，之后我们也会把这个展览带来北京。

觉得音乐总是在推进、变化，突破范式。例如当下的电子音乐，人们在接受新类型音乐的同时也在接受其中包含的新变化，这也是为什么几乎所有的政府都希望阻止这些音乐的发展，例如关闭夜店、禁止电子乐等等，我觉得音乐是一把利刃。

我要说的就是她说的这些（笑）。我是说，音乐本身毋庸置疑是包含了信息的，这些信息可以是颠覆性的、是事实性的，可以号召人们加入军队等等，因为音乐是具有影响力的。社会有这样的需求和欲望。从我的角度讲，音乐是娱乐，也可以是浪漫，但从另外的角度讲，音乐也可以具有政治性，可以吸引大众的注意力。

M：对于柏林，你有什么不喜欢的事物吗？或者说，有你希望改变的事情吗？ G：如果能有更多印度食物

BERLIN IS TH
THE MOST

我们所在的
是世界上可能性最多的城市

采访 _Vlatka / Weiz **撰文** _Weiz **摄影** _ 穆静

有人觉得，福克·沃尔特（Falk Walter）是一个真正的俱乐部疯子，有人则觉得他不过是个地产商。这个如今看上去有点儿嬉皮的老头，冷战时曾经完成过一次传奇的东德－蒙古之旅，而如今，他在施普雷河边拥有一家俱乐部和一个餐厅，而近30年来，他拥有过的俱乐部超过 20 个，还有谁能比他更了解柏林的变迁呢？

摩登天空（以下简称 M）：你似乎一直很喜欢这片区域？ 福克·沃尔特（以下简称 F）：对，这个地方很特别，这条街上曾经就有柏林墙，现在则是无数辆汽车。当时这边所有的房子都是空的，没人想住在这儿。这里是一个真正的“死岛”，无人之地。柏林墙倒塌后，这里就成为了一片废墟，有一天，我独自一人走在这儿，周围一片宁静。那是 25 年前，你现在肯定难以想象。没有电、没有暖气，连电话亭也没有。对西边的人来说，这个地方太远了。对于东边的人来说，这里也毫无用处。

我在这儿建立竞技场（Arena）俱乐部的时候，真的不知道明天会怎么样，那个曾经的旧音乐厅现在真的变成了音乐厅。

M：你是在东柏林长大的，你对当时有什么印象？
F：我在柏林墙倒塌前 4 年就到了西边。这边有各种各样的派对，不过当时还没有什么人知道科技舞曲。我还记得，我们第一次做科技舞曲演出是在一个餐厅里，有人大喊：“停下来，那不是音乐！”

M：当时没有什么人能看到这种音乐的未来吗？ F：对，我还记得第一次爱的大游行（Love Parade），大概只有 100 多人。你肯定猜不到吧，4 年后这个活动来了 50 万人。50 万人在一起跳舞，你一定想象不到吧？
我觉得电子音乐对柏林特别重要，因为在俱乐部里，西柏林人和东柏林人第一次一起跳舞。

E CITY OF POSSIBILITIES

FALK WALTER
Photo by Gavin Evans
福克·沃尔特
摄影_加文·伊万斯

FALK WALTER

Around Club Ipse
在艾普西俱乐部旁

M: 听说你在冷战时期逃到过蒙古和中国? F：在东柏林的时候，我住过第一座占屋。后来就听说一个朋友有蒙古签证，他去了那儿拍了相片，他还打算和女朋友再去一次，不过他们分手了。所以我就拿了他前女友的签证去了蒙古，我计划从蒙古旅行到中国大陆，再去香港。

M：后来到了北京? F：也是我第一次到中国……你知道，在一个有 600 万人口的城市做外国人的感觉是什么吧？你在一个没人说外语的城市，没人知道你在说什么，问路从来没有回答，所以我们去了德国大使馆，他们也不相信我们的经历，甚至觉得我们是间谍……

M：真的? F：他们把我们关进了两个房间，后来才知道我们没有撒谎。然后就有架飞机把我们从北京带到了法兰克福。

M：你自己是不是个俱乐部迷？第一个俱乐部是如何建起来的? F：当然，我 28 岁拥有了自己的第一家俱乐部，当时俱乐部这种东西不新鲜了，但对我来说却足够棒。我之前学的是戏剧，一直想要把剧院和俱乐部的元素融合起来，所以这家俱乐部其实是我的一个实验。

比如，我的英雄之一是蠢蛋一族（Dumb Type），一个日本戏剧团体，他们会创作特别实验的音乐和声音项目，对我而言，这就是“俱乐部剧场”。我觉得我要做的就是这么一个东西，你走进俱乐部能体会到走进剧场同样的兴奋，它可以被不同喜好的人同样喜欢，就像一道美味的维也纳小牛排。那是 1994 年。

M：当时冷战还没结束，柏林的俱乐部是什么样的状况?
F：到处都是俱乐部，大部分是放迪斯科的，晚上八九点开门，半夜关门。不过柏林的俱乐部有一点特殊，警察不会管俱乐部的营业时间。我不知道在德国的其他地方，哪儿还能连着三天三夜开音乐派对的，一般警察不会允许一个俱乐部从晚上营业到第二天早上。这应该是柏林的一个馈赠，我记得我们办过一个一周的派对，有的人一周没睡，我完全不知道他们怎么做到的。

M：在你看来，柏林墙倒塌是科技舞曲兴起的一个标志事件吗？当时柏林的俱乐部是什么状况? F：当时大概有三四个

Falk Walter
福克·沃尔特
摄影＿穆静

著名的俱乐部，星球（Planet）、UVU 和艾维克（Avec），UVU 已经换了好几个地方，但仍然存在，哈哈。

M：当时俱乐部频繁换地址的情况常见吗？为什么？ F：嗯，因为当时的空房子很多。当时东柏林的所有剧场都关门了，我们在一个地方做俱乐部，过一周再换一个地方，特别苦。这也是历史的一部分，而且当时俱乐部没有所谓执照，我们一般会等着警察来关门，然后换个地方。当时的演出信息都是用纸钉在树上的，人们只能通过这些传单决定要去的地方。

M：把餐厅什么的建在水边的想法是什么？原来好像还有个游泳池？
F：嗯，不过曾经这里的水特别脏，哈哈，现在是可以游泳了，我们还提

River Spree and Club Arena
艾普西俱乐部和阿瑞纳俱乐部中间的施普雷河

供船只租赁。施普雷河是这个城市的一部分，柏林的工业曾经都分布在河边，这是东西柏林的人都不会看到的东西，不过20年以来，柏林的居民开始意识到有这么一条河是多么的幸运。

M：这栋楼看上去很酷！这里靠东西柏林边界特别近是吗？ F：对，曾经河对面的大楼前，会站满士兵。这里有个地下夹层，曾经是工人住的。我在这里办过一个柏林艺术家的展览，东柏林和西柏林的艺术家都有。

我们邀请了戈尔巴乔夫，我给他写了好几封信，半年后终于收到回复——“我会来。”

M：后来他真的来了？ F：嗯，他在展览开幕的时候来了。四周还都是士兵。他还有一点儿害羞，不过很有幽默感，我们拿他开了好多玩笑，还一起吃了一顿大餐。

M：那是什么时候？ F：大概1996年吧。现在你可能想象不到这里大门紧闭，站满士兵的样子。时代完全不一样了，哈哈。

2015年，这边变成了这样。竞技场俱乐部，餐厅，施普雷河。你知道，我们总是看着这条河，但从来没想着怎么用它。我就想，我们怎么样让柏林人知道，我们有一条河？于是，就开始租赁船只，还有做我们的游泳池。

M：你做过那么多出色的俱乐部，那些想法是如何产生的？ F：我总是在找适合柏林的东西，我们做一个东西的目的永远是——让它看起来就很像这里的一部分。我讨厌那些看起来特别违和的东西，比如那个水里的垃圾雕塑，为什么要做这玩意儿？拜托！我喜欢柏林，因为现在的柏林只有20多年的历史，很多事情在巴黎、伦敦做不到，但这里能。

M：现在的Ipse是怎么形成的？这个俱乐部和你以前的那么多俱乐部有什么不一样？ F：大概3年前，我们开始做这个俱乐部。我觉得我就是想做别人没做过的事，这种成就感特别棒。不过现在做一个俱乐部不像20年前那么容易了，政府的管控更严格，但是即便如此，这仍然是世界上最棒的城市，艺术家最自由，可能性也最多。我希望未来的10年、20年，这种活力和可能性依然在。

M：但是现在柏林成为所谓“大城市”的过程中，也有一些问题产生了，比如地租？ F：对，这一点上，这里变得越来越像“其他大城市”，确实很痛苦，但也不全然是坏事，这一点你们在北京也在经历吧？

BLIXA BARGELD I COULD DO NOTH BUT ARTS IN BERL

碧丽霞 在柏林 我除了当艺术家 根本没别的选择

采访_幺蛾 / Vlatka **撰文**_幺蛾 **翻译**_理智 **摄影**_穆静

碧丽霞（Blixa Bargeld），生于1959年1月12日，本名克里斯蒂安·艾默里奇（Christian Emmerich），是一位西柏林出生的音乐家、演员、作家、行为艺术家，德国传奇工业乐队“倒塌新建筑”（Einstürzende Neubauten，简称EN）创始人、曾经的尼克·凯夫与坏种子乐队吉他手。

1980年创立的“倒塌新建筑”乐队以废弃工业金属材料作为乐器制造特殊噪音而闻名。1982年，在EN乐队成员的介绍下，碧丽霞与尼克·凯夫在阿姆斯特丹相识，很快成为好友，1983年碧丽霞加入了尼克·凯夫的生日派对乐队（The Birthday Party），而后在尼克·凯夫与坏种子乐队长期担任主音吉他手和和声歌手。在2003年离开坏种子乐队之后，碧丽霞继续进行着EN以及个人项目。因娶了一位中国妻子，碧丽霞也曾在北京居住过一段时间。

《摩登天空》杂志在柏林期间拜访了碧丽霞的办公室。当时气温还未回暖，碧丽霞穿着这件从上海买的大衣，在贴满演出海报和珍贵照片的办公室前厅接受了采访。

摩登天空（以下简称M）：你组乐队之前是做什么的，开始组建EN的契机又是什么？碧丽霞（以下简称B）：我组乐队是没什么选择的。有一阵子，我在柏林一家电影院卖票，这也是碰巧的事儿，在一个迪斯科舞会上，我认识的一个人问我能不能顶他在电影院售票的班，因为他要去西德。我就去了，除了售票，我还跟放映员学会了放映。后来那个放映员不干了，电影院就让我接他的班。连卖票带放映，这么着干了三四年，直到汤姆·提克威尔（Tom Tykwer）把那座影院买下为止（他当导演之前在柏林买了好几家电影院）。无论如何，我从电影过渡到音乐这行当，是因为1980年，有人问我能不能在4月1号演出一场，还问我演出海报上要写什么。我当时脑子里就冒出EN这么个名字，然后找了几个哥们儿，把这场演出演了。没想到演得挺成功，就继续下来了。相当于乐队是演出以后才成立的。

M：EN的历史很悠久了，可以说说为什么做了这么长时间吗？B：我当时也不知道会搞这么久啊。开始的时候我也没什么选择：没钱，也没受过什么正经教育，无论如何只能当艺术家了。等我组建了EN，就这么留下来了。我还以为搞个一两年就到头了，没想到都过了38年了，我还在接着搞。反过来说，那不能算作职业，不过是我唯一能干的事儿罢了。我当时已经被解雇了，也找不到工作，再不当艺术家，就只能去贩毒了。

NG

BLIXA BARGELD
碧丽霞
2018

BLIXA BARGELD
碧丽霞
拍摄年份不详

碧丽霞在工作室接受采访

EINSTÜRZENDE NEUBAUTEN 倒塌新建筑

M：开始组乐队的时候，有人给过你什么建议吗？ B：有没有人告诉我该做什么？没有！你随便找个那会儿认识我的人一问，他肯定会告诉你："碧丽霞知道他要干嘛。"我自己都不记得当时我那样儿，但他们都说我特确定自己要干什么，而且还特投入。

M：你们很早就以众筹的方式运营乐队了？ B：2001 年的时候，我们发现了众筹这一形式，通过互联网，支持者可以为唱片、演出和现场直播等活动筹款。和现在的众筹网站相比，当时的技术很不成熟，但那时没人想过要那么干。2002 年到 2008 年期间，我们用这种办法做出了三张重要的专辑，也聚集了很多人。我们家附近有家冰激凌店，老板娘是意大利人。她和她丈夫是我们在都灵演唱会上认识的，两个人都是那次演出的众筹人。所以说，这一切都是社会层面上的，从中派生出了许多计划和别的东西。我们在所有唱片公司（而不仅仅是大厂牌）之外另辟蹊径，开创了一种可行的办法。

M：伊基·波普曾经说过："柏林墙很美，它创造了一个美妙的岛屿，就像火山在海中创造岛屿一样。"那么你对墙的看法是怎样的？你什么时候开始意识到墙的存在？ B：我出生在西柏林，刚出生那会儿还没有墙，但从我懂事起就有了。对我来说挺普通的。只有你不在那儿的时候才会觉得异常或者奇怪。我是从一次在伦敦还是哪儿演出的时候开始意识到的，因为我发现别的地方不一样。在那之前，我还待在柏林的时候，我以为哪儿都和柏林一样。记得 1978 年或者 1979 年的时候，我有一年没去领护照，也就是说，我在柏林这座孤岛待着，一整年没出过城。之所以没领，是因为我欠了很多电费，要是一去领，回头电力公司就找上门来。为了躲他们，我那年没去领。后来我要去美国演出，只好去领，电力公司噌地就蹿出来收钱了。

M：在北京生活的经历是怎样的？ B：在北京的时候我租了一间废旧的录音棚，是二战时期日军的信号站改建的。我在那儿给挂盒、WHITE（还有一支一时想不起来名字的乐队）录了小样，但既没发行也没处理。我妻子在北京常驻工作，我们有个朋友是地产经纪人，一开始带我们去朝阳区找房子，都是外国人公寓那种千篇一律的大高楼，我不喜欢。后来她带我们去后海一个四合院，远处能看见白塔。当时那家住着一位法国文化专员，正要搬走，房主是个 80 多岁的老教授，研究少数民族舞蹈的。我们带着葡萄去，一边喝茶一边聊了会儿演出和戏剧，他很痛快地就把房子租给我们了。后来好多人想租那房子商用。

来北京之前我还在上海待了一阵子，我承认那是座相当西化的

SPRING 春天
TEHO TEARDO & BLIXA BARGELD
特奥 & 碧丽霞
2014

FALL 秋天
TEHO TEARDO & BLIXA BARGELD
特奥 & 碧丽霞
2017

城市，各方面都挺时髦，但相比之下我喜欢北京太多了，虽然气候有些可怕。那会儿北京沙尘暴很厉害，无孔不入（这两年好多了吗？那敢情好）。有一回我和做“唱佛机”（The Buddha Machine）的克里斯蒂安（Christiaan）一起走回我家，从外头进屋都得拿湿毛巾把脸上的黄土擦下去，简直像在戈壁一样。

M：最近一次去中国是什么时候？ B：我上一次去中国是去香港。内地和香港我都喜欢，但北京的变化太快了。每次我故地重游的时候，上次看见的东西都荡然无存了。就算我住在那儿的时候也一样。我记得有一天早晨出门一看，路没了。当时我心想，完蛋，这得修到什么年月。没想到下午回家的时候，路又回来了，他们一天之内就把路扒开重铺了一遍。要是在这儿（柏林），几个月都不止。我住那儿的时候正好是北京奥运会前几年，几乎到处都涂着大大的“拆”字。然后好多外国人都在疾呼“拆不得呀！”还问我什么意见。我说，你也不看看我搞的乐队叫什么名字：倒塌新建筑，我能有什么意见？坚决拆！瞧瞧盖的这都是什么破烂玩意儿，都是几家合住一个院儿，把好好的古建筑切割得支离破碎。我住的那条胡同也是……所以拆了挺好。

M：你觉得北京和柏林有相似之处吗？ B：在建筑方面，北京那种荒凉有点儿像七八十年代的西柏林，还有就是奥运会前几年突然席卷了全北京的各种艺术区，原本都是些不合法的。今天刚冒出来，下星期这会儿就不知道还在不在了，突然全被圈起来成了旅游景点了。在去机场的路上有家汽车电影院，旁边有个酒吧叫“两个好朋友”，办过好多特别怪的演出：颜峻、守望、WHITE、沈静等等，到了夏天，坐在草地上看演出的时候，那种感觉跟1980年的西柏林太像了，各种地下场所，就像柏林墙上的洞一样，非常有意思……后来这些地方不是变得“合法化”，就是干脆消失了。

M：你对北京的小型现场演出场所还有印象吗？ B：“愚公移山”我记得，那明显是致敬我们乐队的，哈哈。这些场所保持着“浮动”的状态，没准哪天说关也就关了。

M：你觉得现在中国的地下艺术家跟柏林的地下艺术家有相似之处吗？对他们有没有什么建议？ B：这情况还不太一样。20世纪70年代晚期到80年代中期，西柏林住房问题严重，有房子的人特意让房子处于脏乱差的危险状态，等着将来拆毁盖新的，有好多空房子，就跟二战以后没装修过一样，如果投资人有办法拆的话，整个克罗伊茨贝格绝对都拆了。但没房子的人就非法搬到这些空房子里住，结果就产生了半上不下、无法无天的状态。住归住，明天说不定警察就过来赶人。比如在荷兰（占领空屋运动的发源地），有法律规定，如果你屋里有桌子、床和椅子，就不能把你赶出去，而且不能断你的电。占屋运动能波及到柏林，是因为这儿住房确实成问题，在法兰克福、杜塞尔多夫就没有。1977—1978年，伦敦也有

TEHO TEARDO & BLIXA BARGELD
特奥和碧丽霞

GREATEST HITS
Einstürzende Neubauten
精选
倒塌新建筑
2016

LAMENT
Einstürzende Neubauten
《哀歌》宣传照
倒塌新建筑
2014

这问题，也同样有占屋的。但在北京，恐怕不会有哪栋空房子能让你搬进去住下的。

M：在中国巡演的时候有什么有意思的事情吗？
B：跟特奥（Teho Teardo）在中国巡演的时候有几场演出挺逗的，有些观众显然是拿了赠票，全家老少集体出动，爷爷辈儿已经秃了，孙子辈儿头发还没长出来呢。

M：“哀歌”（Lament）这个项目是关于战争的，当时据说做了非常多的调查研究。B：是关于纪念第一次世界大战爆发一百周年的。跟战争有关，不是什么健康向上、令人愉快的主题（倒是也没人找我做关于复活节兔兔的主题）。要阅读、搜集很多关于苦难、战争、死亡和鲜血的材料……真不是什么愉快的任务。要是能反悔我就拒绝了。

M：和阿尔瓦·诺托（Alva Noto）的合作是怎样的呢？B：阿尔瓦·诺托找的我，他送过我唱片，后来来吃过几次饭，我又认识他哥，一来二去，就问起来能不能一起做张唱片。那会儿我正和EN一起忙众筹，对“发唱片”抵触得厉害，不想跟唱片公司扯上一点儿关系……但最后，你也知道，我还是和诺托一起在他自己的唱片公司发了一张。

M：你怎么决定跟谁合作的？B：一般都是他们把音频链接发给我，但大部分是垃圾，我就让助手写封委婉的回绝信。

M：就是说，只有你喜欢的作品你才考虑合作？
B：对，必须得是。有个别人带着半成品来找我合作，但我必须得喜欢才考虑，而且——这么说吧，我的口味也比较……局限。

M：你演出当乐器用的那些工具在北京是不是很难弄到？B：我们今年在澳大利亚塔斯马尼亚演出，需要的东西都是在澳洲当地订做或者直接空运。比起只有吉他、贝斯的乐队是困难，但是也能做。比方说我们需要一张多长、多宽、多厚的金属板，在中国是能弄到的，而且可能还挺便宜，没必要空运过去。

M：那今年经停亚洲的时候有无在华演出计划？
B：要是有给我们发邀请可以考虑。我们一般会经停香港，上次在擦车器区（Carwipeer Distr.）演出的时候我们去了4个人（一同上台的还有一支本地的弦乐四重奏），只需要负担4个人的差旅费，乐器也可以带上飞机。但要是EN去，那就是15个人，加上乐器，完全不是一个量级，就算压缩也装不下。比方说我们有件演出乐器是用飞机零件做的，有560千克重，要是空运我们就破产了。除非提前规划的演出，有充分时间通过海运。

M：最近有在进行什么新项目吗？B：我每天都工作，没有在特别专攻某项。去澳大利亚前，我会和特奥在意大利演几场，和菊（Kiku）演一场……我基本同时开几条进程：眼下要跟EN演奏哀歌（Lament）和精选（Greatest Hits），跟特奥演、跟Kiku演，还有我自己的独立演出，这期间我写写东西，时不时还有别的事。最近老有人问我演电影的事，我既不是什么好演员，也不想当。我觉得坐一整天板凳，就等着一两分钟的镜头，再等个把钟头，好不容易灯光、摄影到位了，三句台词一念——

M：你现在主要都待在柏林了吗？ B：我女儿正上学呢，我不能随便说去哪儿就去哪儿了。复活节的时候她会跟她妈妈去中国。我女儿会说普通话。我吗？我现在能分得出普通话和广东话，也冷不丁有一两个词儿正好我懂。我能用普通话叫啤酒、点菜，但大多数都忘啦。在柏林有专门的华裔子女幼儿园，园里的小朋友们都会双语或多语；还有专门为华裔子女学中文开设的学校。我女儿周一到周五正常上学，周六去中国人学校。

M：所以你应该算是柏林的中国通啦，哪家中餐馆比较好？ B：哈哈，昨天我们家去了一家广东人开的餐馆，他们 1948 年就搬来柏林了，但我太太的意见是那家的菜根本没有中国味道，完全是西式的。我觉得最好的中餐馆是康德大街的塞利格（Selig），他们有只为中国顾客提供的秘密菜单和水煮鱼！啤酒也不错。不过……和一帮中国人讨论中国菜真是奇怪啊。我在做 WHITE 专辑的时候，我太太每天都给我们做中国菜。因为这儿除了劣质披萨和土耳其肉夹馍就没别的了。

SCHMIED
Hansa studio tour
施密德在控制调音台
汉莎录音棚
摄影 _ 穆静

HANSA STUDIO BY THE WALL A GREAT COINCIDENCE

汉莎录音棚 柏林墙边的伟大巧合

撰文 / 采访 _ weiz　　摄影 _ 穆静

在柏林期间，我参加了一个特殊的导览，在冷战时期最著名的汉莎录音棚。成长于东柏林的蒂洛·施密德（Thilo Schmied）先生带着世界各地来的 15 个音乐爱好者，在这座三层大楼里度过了令人印象深刻的 3 个小时。而施密德先生本身并不在汉莎工作，但他可能是这里最了解汉莎的人。

1

1. STUDIO 1
汉莎录音棚一号工作室
摄影 _ 穆静

摩登天空（以下简称 M）：这可能是我最近做过的最奇怪的采访，因为你居然不是这儿的员工！ 蒂洛·施密德（以下简称 T）：对，这对我来说其实更好，你知道，不会有其他的条条框框啊，人际关系的限制什么的。

M：你是东柏林人？成长在东柏林对你有什么不同的意义吗？我猜你经常被问到这样的问题？ T：对，我在东柏林长大，就像所有的小孩一样，我上学、玩耍，接受苏联意识形态的训导。不过多亏了我的父母，我可以听到英美的音乐。80 年代的时候，我最喜欢的乐队是“赶时髦”。

M：当时你会想去西柏林吗？西柏林在你想象中是什么样子？ T：当然，我想去西柏林，因为它那么近，但是我们又被教育说我们不会去那儿，哈哈。我几乎每天都会路过查理检查站，但是从来没想过越界这回事。

我父亲是个运动员，因为各种奥林匹克赛事可以满世界走，但是我们不行，80 年代末期，我的母亲被准许去西德探亲，但我还是必须留在家，以保证她会回来。那时我 16 岁。

M：你第一次听说“汉莎”是什么时候？

T：因为喜欢“赶时髦”乐队，我很早就听说过这里了，但是我从来没去过。我住在东柏林，其实离这里特别近，我离“赶时髦”最近的距离就是他们在汉莎的时候，但是我当时并不知道这件事。

90 年代，我开始在唱片公司工作，但是当时“汉莎”在行业里其实不是一个常被提及的名字，因为当时墙已经倒了，这对他们算不上一件特别好的事……

然后我 2005 年开始做“汉莎”的导览。

M：这件事是怎么开始的？ T：当时我辞掉了在汉堡的工作，准备去环球唱片面试，但是谈及薪资的时候不太顺利。面试后我和一个在那儿工作的朋友聊天，她说：“别想着去唱片公司工作了，现在不景气，还是做你想做的事情吧。”然后，她就给我提了一个建议——“你这么喜欢音乐，又熟悉柏林，为啥不做个音乐方面的城市导游？”所以，哈哈，这实际上不是我自己想出来的，而是这个好朋友帮我想出来的。后来我发现，这件事真的是我有热情做的。

M：你是怎么进入音乐这个行业的，据说你曾经在 BMG 工作？ T：以前在 BMG，我负责组织活动。我其实在很多公司做过很多工作，现在很多人会误认为我是汉莎录音棚的工程师，哈哈。

M：那你会怎么看待自己在汉莎的角色？ T：对我和对很多人而言，汉莎录音棚都是这个城市音乐场景和历史上的一个重要组成部分，大卫·鲍伊、伊基·波普、赶时髦、U2 和尼克·凯夫都在这里录制过唱片。这个录音棚总共接待过超过一千个音乐人。

而对我来说，创建这个主题游览，意味着探索这个城市近几十年的音乐史，带人们了解柏林是怎么成为今天的样子。

M：我也很好奇这一点，汉莎是如何成为汉莎的？尤其是，在冷战时期，这里就是一个全球知名的地方了。 T：我会说，这大概真的是大卫·鲍伊和伊基·波普的功劳，他们在 20 世纪 70 年代的柏林生活，让汉莎彻底进入了文化史。如果他们当时没有来，我们今天可能也不会在这里聊这些……在这座建筑里，你也能感觉到他们留下来的影响，很多音乐人今天来到这里，也和你抱着相似的心情。

但是，我也会告诉你，如果你认真地在柏林转转，这种历史留下的感觉其实到处都有。我认识的一些原来住在西柏林的音乐家，也对那个年代自己做的事情充满自豪。他们会说：“哈哈，当时我也在那儿，可不仅仅有鲍伊。”

M：在汉莎录音棚成立的时候，柏林其他录音棚的状况怎么样？今天呢？ T：汉莎成立的时候，正是录音棚的上升期。当时也正好是音乐工业很发达的时候，后来，音乐工业受到数字音乐技术的打

2

3

2. DEPECHE MODE
赶时髦乐队
在汉莎录音棚的楼梯上
1983

3. THILO SCHMIED
蒂洛 · 施密德
在同一个“取景地”
2018

击时，录音棚也遭遇了黑暗时代，很多地方关门了。这当然不仅仅发生在柏林。大概有四五年的时间吧，整个唱片工业遭遇了重创。

今天录音棚的状况在变好，很多人才在为此努力，尤其是专业录音棚变得越来越多了。

M：当时鲍伊他们在柏林的时候，柏林的年轻人们知道吗？

T：他们可能大概不知道鲍伊就在他们长大的城市，但是他们知道鲍伊。就像我，我住在动物园附近，这站地铁里，总有吸毒成瘾的女孩和她的朋友们半夜在这里乞讨毒资，但是我知道她们喜欢鲍伊，她们才十几岁，就是鲍伊的忠实粉丝了。我当时就觉得，鲍伊让很多柏林的小孩知道了，他们可以成为自己想要成为的人，不论你是同性恋、混蛋、瘾君子或是其他什么。

M：但是，当时为什么那些我们熟知的传奇人物会和汉莎，而不是其他的录音棚联系在一起？ T：最大的原因还是被反复提到的大卫·鲍伊和伊基·波普，对。而且，你知道，汉莎所处的位置很特别，它就在柏林墙边几百米，汉莎的一个著名的别称，是“世界尽头的房子”，如果你看过原来这里的照片就会明白。前两年，还有一部不错的纪录片《墙边的汉莎录音棚》（Hansa Studio By The Wall）。

但是，这里当然不是世界尽头，只不过，走出几分钟，生活就变得不一样了而已。

M：你是如何了解汉莎的历史的？大部分当时的资料，别提网络了，书里都没有太多。 T：我之前的工作履历就和很多音乐人和艺术家有交流，他们所说的汉莎录音棚，不只来源于在那里工作的直接经验，也有很多奇闻异事。有的时候，那些事情乐队成员可能自己反而记得没有那么清楚，记忆的任务就交给了他们身边的人。我这些年就采访了很多这样的人。我就经常和鲍伊当时合作的工程师托尼·维斯康蒂聊，还有音乐人卡洛斯·阿洛马（Carlos Alomar）。

不过，有很多人我还没有采访到，比如鲍伊的助手可可·施瓦布（Coco Schwab），很遗憾她不接受任何采访。

当然，最遗憾的是，我不能亲自和鲍伊聊天了。

M：刚才在导览过程中我听说了很多在网上无法找到的奇闻异事，比如打马桶那个。我想知道，在汉莎发生的事情中，最让你震惊的是什么？ T：实话实说，这件事就是——汉莎仍然存在。冷战时期，这边没有什么建筑，但是你今天已经不能从远处看见它了。它可能变成一家丽思卡尔顿酒店，或者变成一家豪华餐厅什么的，但庆幸的是，今天，它还是汉莎。

所以，我不仅会告诉来参观的人这里曾经发生过的事，今天发生的事情也一样重要。今天，很多乐队做的事和他们的前辈已经很不同了，对吧。这里成了一个音乐大楼，这个城市因为音乐也向前走，汉莎的存在就意味着创造。

M：等我们提到德国的音乐的时候，避不开的是技术的发展，在你看来技术革新是今天德国音乐的特点形成的主要因素吗？比如，电子乐，一个人就可以做，甚至不用去录音棚。 T：提到20世纪七八十年代的德国音乐，你可能知道那是一种十分严谨、精确的工作方式。但是现在这种方式当然改变了，但我觉得这是不分国家的，现在人人都能接近艺术，这是件好事。

更大的改变其实是数字时代的来临，从黑胶和CD磁带成长出来

STUDIO 1
汉莎录音棚一号工作室

STUDIO 1
汉莎录音棚一号设备间

MEISTERSAAL
汉莎录音棚的传奇主厅

的一代人，和从小下载数字音乐的一代人是有很大的代沟的。

其实，实话说，现在录音棚有多重要？它的实际意义其实没有那么大了，但是我觉得汉莎这样的地方，今天变得更像一个年轻人的音乐灵感聚集地。汉莎的费用比同等级别的录音棚会低一些，而且它仍然在把每件事做到最好，我认识的每个人都不仅仅是这里的员工而已。

M：你刚才在导览中提到，曾经汉莎是 24 小时开放的。这种状况下，大家怎么工作？ T：哈哈，我觉得其实和今天的工作方式也没什么不一样。每天早上，技术人员会检查每个录音室的设备，因为前一晚有可能有人用它们。但是在 20 世纪 70 年代，可能每个乐队都有三四十个汉莎的员工负责，甚至可以说是随时待命，所以 24 小时相对之下就不是什么问题了。

M：我很感兴趣不同的乐队时间安排能有多不一样…… T：比较典型的夜猫子是“赶时髦”，他们甚至能 24 小时连轴转。他们的制作人说过一个有趣的事儿，有一次乐队在录音，他傍晚离开了录音室回去休息，以为他们会回去睡觉。结果第二天早上过来的时候，发现他们还都在那儿，录了一整晚，而且是在他不在的情况下。

M：在你看来，汉莎的传奇是不是一个巨大的意外？ T：对，当然是！我们所处的这座大楼并不是最初的汉莎录音棚，最早的是在另外一个区域。后来，汉莎的老板和唱片发行人搬到了这里工作，当时他们主要做的是一些古典音乐。后来，他们决定把这里买下来，这片废墟，没人知道这里的明天是什么样的。

不过，这个巧合真的很奇妙。

M：现在的年轻人似乎对过去总抱有一种革命浪漫主义的想象，比如，大卫·鲍伊改变了柏林，或者摇滚乐推倒了柏林墙。你怎么看待这种观点？ T：今天，已经离柏林墙倒塌过了这么久，再做出这样的判断，其实挺粗俗的。我在导览的时候提到了鲍伊 1987 年举办的演唱会，当时墙还在，东西柏林人都听到了他的音乐，但这并不意味着其中的关联。这么说只是很讨巧，鲍伊对柏林来说只是一个瞬间。我想这有可能是个很“青年”的论述。你总是对你当时的记忆添油加醋，对吧，青春时期的情感、事实总是因为联系着青春而显得更加宝贵。你记得最清楚的音乐也都是来自青春期，因为你再也不能回去了。所以，这大概就是这么回事。

有个双人音乐组合，两个女孩是一对。
她们在巴黎结识，一个跟随另一个搬到柏林。
听上去很棒的童话故事。

不过，这个故事的开头可没那么美好，爱尔兰女孩儿朱莉·钱斯（Julie Chance）生于保守的爱尔兰，十几岁发现自己喜欢同性的真相之后，因为无法出柜而染上毒瘾，来到柏林既是为了摆脱过去的自己，也是为了离开不自由的生活。

好在至少现在的柏林还是一块不错的自留地。

摩登天空（以下简称 M）：所以你们俩在巴黎认识的时候，是先搞的对象还是先搞的音乐？

朱莉和简（以下朱莉简称 JC，简简称 JA）：应该是先搞的对象吧，也可能是音乐，老实说现在这么想想有可能是同时来的！

M：后来简（Jane）搬到柏林去了，为什么会做出这个选择？

JA：那时候我住在巴黎，在一个酒吧工作，你知道巴黎物价房租什么的很贵，我在那儿就只能终日工作，没时间玩音乐，后来朱莉来了跟我大吹柏林有多便宜，在那儿的人们有多有意思，所以我当然就想搬过去看看了！

M：当简搬到那儿之后，朱莉是怎么跟你介绍这座城市的？你自己感觉怎么样？

JA：搬过去之后我知道我这个决定是正确的，我真的很爱柏林，这是座很大的城市，生活成本却很低，它有悠久的历史，现在又有令人兴奋的地下电子乐文化圈——我知道我来对了。

BERLIN HELPED US AND STILLING HELP

柏林救了我们 也成就了我们

撰文 / 采访 _Kr
供图 _EVVOL

M：我知道对于朱莉来说，生活在柏林有着明确的目的，你是来追寻音乐和能够出柜的人生的，所以刚开始的时候这座城市对你如何？

JC：它非常宽容地接纳了我，我当时发现这边儿的酷儿圈子那么多人其实还挺兴奋的，并且这座城市背后曾经那些极具黑暗色调的历史也很吸引我。

M：所以你们这个双人组合的名字"Evvol"是什么意思？

J&J："Evvol"和"Evil"发音相同，但 Evil 是 Evolution（进化），Evvol 倒过来是 Love（爱）。

M：从另外一个采访里我发现一件有趣的事情，你们俩其中一个人认为爱尔兰背景确实影响了她的创作，另外一个则认为现在生活在哪是更重要的事情，而不是出生在哪儿。所以我想你们共同创作时一定会有很多有趣的事情发生……所以你觉得你们的作品在某种程度上是否能够代表"柏林的声音"？

J&J：不管你生活在哪儿，你都会不由自主的受到这座城市的影响，生活在这里的人会影响你，它的建筑、历史，它的地下音乐，当然还有它本身，你拒绝不了这种影响。渐渐地，这些元素浸透你的皮肤深入你的骨头，所以鉴于我们已经在柏林生活了很久，我们当然可以代表某种程度上的柏林之声。

M：除了 Evvol 之外，你们俩都各自还有个人计划，但自从你们开始进入到现在这个阶段的关系中，你们会比别的乐队拥有一个更默契的状态，所以当你们在为各自的个人计划创作时，会产生交流吗？

J&J：是的，我们一起做的所有事情都会有商有量，个人计划也逃不开另外一个人的帮助和扶持。

M：很多年里柏林都已经被牢牢标记上了"科技舞曲"这个字眼，你们喜欢它吗？柏林已经这么地下了，现在那里是否还存在一个主流音乐的消费群体呢？

J&J：我俩都是科技舞曲的超级粉丝，我们和很多非常出色的 DJ 和制作人也都是朋友，不过柏林仍然是一个通常意义上的国际化的大城市，所以这里当然也存在很多不同的圈子，流行音乐也依然是这里音乐消费的重中之重。

M：你们已经离开家很多年了，还有可能搬回去吗？

J&J：我们都很爱自己的家乡，我们也经常回去看望家人或者去演出什么的，但是老实说我们在柏林活得很好，而且有两只狗，所以一时半会儿是不会搬回去啦。

M：现在中国正在掀起一阵"柏林热"，大家都乐于谈论这里自由的生活态度和多元融合的现状，但这个现状也并不是这里的人天然享有的，同样是经过某些争取甚至斗争得到的……朱莉你一定明白我的意思，所以你怎么看这件事？

JC：城市聚合个人，个人聚合起来，又成为城市。柏林因柏林人对于自由表达的向往而成为今天的样子，但回到责任和义务之上，这仍然需要每一个个体自身去背负这一工作。

MOHAMMAD ABU HAJAR

穆罕默德·阿布·哈扎 在柏林 自由有价

采访 / 撰文_krejerk 摄影_weiz

THE FREEDOM OF BERLIN IS NOT FREE

邮件发完提纲之后，穆罕默德·阿布·哈扎（Mohammad Abu Hajar）很久没有理我。

在这之前，我曾就采访这位生活在柏林的叙利亚政治说唱歌手向朋友圈征集问题，有人说我倒有不少想问的，就怕问题交给你，回头你的人身安全就没法保证了。

玩笑过分也是玩笑，可这老不回邮件我心里也打鼓——会不会是“问题”出了什么问题？

1

2

1. WHY CAN'T YOU SEE THAT MY LIFE IS PRECIOUS
为什么你意识不到我的生命也很宝贵

2. KOTTBUSSER TOR
BERLIN
科特布斯门地铁站
柏林
2018.3.19

“一个生活在柏林没法回家的叙利亚政治说唱歌手”，这个身份已经包含了巨大的信息量。叙利亚内战和反对派，东方与西方，反美心态和非常美国式的曲风选择上的冲突，背后代表着柏林的种族、宗教和意识形态的融合现状——当然，这里边可能有很多一厢情愿和异想天开，但正因如此，向他求证一些事情似乎才变得非常必要，一如我们对于这座城市也有很多不切实际的想法，不去看不知道真相。

1990 年，3 岁的阿布·哈扎和家人搬离伊拉克攻击之下的科威特，回到阿萨德统治下的叙利亚。他在叙北部城市塔尔图斯度过自己的童年时光，并在那里开始学习钢琴。最早阿布知道嘻哈时他觉得那是“宣传吸毒的垃圾美国音乐”，一点儿也不喜欢。2001 年叙利亚通了网，他第一次听到说唱歌手“不朽技艺”（Immortal Technique）关于巴勒斯坦的音乐，他意识到，说唱有更大的用处，他开始用一个又一个午后的时间待在网吧找音乐，之后他决定在网上发一首自己的歌，那首歌讲的是美国入侵伊拉克。

“阿布现在在做战地翻译，特别忙，如果可能的话，你们来柏林之后当面聊吧。”帮我联系的朋友说，所以不搭理我起码不是问题的原因。“你可能不知道，阿布不是穆斯林。”我说：“真的假的？”她说：“是啊，我俩一块儿喝酒的时候他比我喝得还多。”这一点在后来见到本人时得到了他的亲口承认，不过他无法回到祖国的原因也并非因为信仰，而是因为整个家族在叙利亚政治运动中受到了牵连。

到达柏林的第二个下午我们约在科特布斯门站附近见面，对于我们来说这附近最重要的地标是 SO36 俱乐部，那里是柏林的“CBGB”，这座城市曾经书写下无数关于自由和开放文化态度的历史，SO36 是我们熟悉且感兴趣的那小部分，如今这个地区依旧治安糟糕、人流冗杂。

不过之所以在这儿碰面，是因为这里是今天柏林的土耳其人聚集区，脏乱差之外，这里还有标准不低的物价和热情懒散的社区环境，它是阿布的安全区。

意识到这点时，卷发瘦小戴着耳机的阿布沿白色楼梯上来，他和经过的每个人打完招呼，坐到我们面前。

摩登天空（以下简称M）：你是什么时候来到柏林的，这座城市与你刚刚定居于此的时候变化大吗？ 阿布（以下简称A）：我2014年来到柏林，之前我在意大利念硕士，其间叙利亚内战导致政治局势风云突变，我没法回家了。之前大概在2013年的时候我曾经到柏林演出过，那时候我感到还挺喜欢这座城市，所以后来当我意识到自己已经没地方可去的时候就想为什么不来柏林试试呢。每一座城市都有自己的一个身份定位，对于我来说柏林的边界更广，这意味着你可以在这里自由地过自己想要的生活，但对于我来说现在的柏林有点儿失掉自己的特性了。

M：有人告诉我说所有年轻人都在东柏林，艺术家也都在东柏林，你觉得这种分布是怎么形成的？ A：还真是这样，好像从20世纪70年代末柏林对各种艺术家就已经有某种吸引力了，不过我想这并不一定完全和冷战及柏林墙的倒塌有关，似乎在二战开始之前，这座城市就是这么分布的，冒险家和艺术家待在东边，中产和贵族待在西边，不过最近10年确实是这种现象最显著的时间段，尤其对于音乐圈来说，这里出现的各种实验性作品是我在全世界各个地方都从未见过的。

M：其他世界上的大城市不一样，柏林没有犹太人社区，没有中国人社区和意大利人社区，大家全都混居，但穆斯林仍旧住在一起，这是真的吗？ A：战争在摧毁建筑之前首先会摧毁掉既有社区，所以二战结束之后的柏林重建实际上也意味着社区的重构，1955年前后，很多土耳其人移民到柏林参与到重建工作中，所以后来他们的亲戚朋友举家搬来也就是自然而然的事情，然后他们就生活在一起，建立了社区。

M：你现在在柏林的生活怎么样？ A：这两年我的生活发生了很大变化，以前我还在上班，朝九晚六的，后来我决定辞掉这份扼杀我创造力的工作，专心做音乐，偶尔接一些私活。现在我正在尝试在音乐中加入更多关于这座城市的东西，而不是只关于第三世界国家的问题，我想让我的音乐更贴近本地，所以我正在假想一种移民的生活，去站在他们的视角创作一些东西。

M：你很早就学习音乐了对吗？你以及马扎（Mazzaj）等其他艺术家的特殊之处在于，你们确实在为叙利亚民众争取权利，抵制以色列政府，但你们仍然使用的是更现代、更普世，或者说更美国的方式在演唱，我不知道我的这一视角是不是太过西方中心主义，你怎么看？为什么最终选择说唱这种形式？ A：现在来看，我做出这个选择的原因恐怕还是因为看到整个中东地区局势戏剧性的变化。一开始只是针对局部地区的战争，后来扩散到每一个生活在中东西亚地区的人身上，他们以塔利班为借口开始破坏阿富汗然后以萨达姆·侯赛因为理由入侵伊拉克。这时候假如我仍在做中东式音乐我会感到深受束缚，而且和今天的大环境也不匹配。我生活的年代是经历过阿富汗、海湾和伊拉克战争的年代，除了嘻哈我找不到另外一种更能让我自由表达的音乐方式了，很多时候我情绪愤怒，伴随着节拍（beats）我开始即兴说唱，很多歌词就这么写出来了，我的脑海之中永远都有一段beats，哪怕我正在跟你说话它也一直在那儿。

M：你还喜欢其他什么类型的音乐风格？ A：我现在还是很喜欢古典和爵士，我还留着很多狂热追逐爵士年代买的CD。我还喜欢各种各样的电子音乐，不限风格，主要看听的时候我是什么状态，只要是机器出来的声音，我都有可能喜欢。我觉得和东方西方关系不大，有个北非的哥们儿以前玩原声的，出来的声音非常东方，但现在他也开始用合成器，也开始做嘻哈，我不认为因为他使用了电子设备，他的音乐就“西方”了。

M：你的听众都是谁？德国境内比较多还是来自全球？你会用叙利亚语、叙利亚方言还是更流行的埃及语去演唱？未来你会用英语演唱吗？ A：绝大部分都是叙利亚人，因为过去的7年，我的音乐大都关注在叙利亚局势上，所以关心这一切的人当然会成为我的听众。不过在柏林本地大部分来看我演出的人还都是白人或者其他种族的人。最早我用“夫斯哈”（阿拉伯文言文），后来我开始用叙利亚语，再后来我又在歌里加入了英语和德语，再往后我可能会用意大利语演唱，所以除了歌词里边透露着的意识形态之外，我使用什么语言本身也代表着我想要表达的东西。

M：之前我不知道你不是穆斯林，不过你和柏林本地的穆斯林音乐家或其他艺术家相互之间交流密切

HOUSES OF PARLIAMENT
英国国会大厦
年轻人抗议针对叙利亚的军事行动
2017

吗？ A：尽管我自己不是穆斯林，但作为艺术家和音乐人我们仍然在共享同一块柏林的舞台，所以当然，我和他们交流密切。事实上在柏林我们这样的非穆斯林会把自己称作“前穆斯林”，有可能我们的父辈是穆斯林，或者某一天我们自己也会重新皈依，不过目前我们的位置尴尬，对于穆斯林来说我们已经远离真主，对于白人来说我们又依然属于伊斯兰，我感觉自己被关进了一个盒子里。但可能也正因为我身处柏林，我才能以这样的一种复杂的身份认同存在，但依然，当某个极端宗教分子在巴黎杀了几个人就会有朋友问我的看法，他们问我干什么，我又不是穆斯林，这样的审判依旧很普遍。现在关于西亚和叙利亚有一种偏见，认为那里只有一种氛围和一种共同体，那就是伊斯兰，但我要告诉你的是西亚文明历史悠久，耶稣诞生之前我们就有腓尼基文明，我们曾经拥有一种差别很大的价值体系，所以我开始怀疑为什么要选择一种非黑即白的观念，这和我的人生是不相匹配的

M：所以你怎么看待自己的身份，是信仰坚定的说唱歌手，还是艺术家里拥有一个明确主张的特别存在？ A：很难说有先后次序，首先我是将嘻哈作为单纯音乐形态存在的，从这方面来说我就是一个单纯的、没有过多诉求的艺术家，当我在台上演出时我也能够陶醉于音乐本身。另一方面去表达我的立场和认知又是我必须要做的事，但站在我的角度上看，我认为这两种身份在此种状态下就完全可以天然地融合在一起。

M：相比你生活过的其他城市，你觉得柏林怎么样，是像人们所说的那样，一个自由的城市吗？你怎么看待它的多样性、包容性，以及其中被包容进来的其他文化形态及信仰？ A：我对这座城市的感情是复杂的，一方面我确实在享受它带来的自由，我可以自由自在地喝酒、跳舞和创作。但有的时候它又被商业化过度感染，比如现在这边的欧洲白人就在利用“提高难民生存质量”和“让难民重拾自尊”进行贩卖和炒作，世界上没有任何一个城市这样。包括柏林的同志运动也十分商业化，因为这座城市就以“LGBTQ 友好”著称。今天我算是融入了这座城市，但它依然像一个盒子，他们把你放在盒子里，说这是个非常好的盒子，但它还是个盒子，我不想在盒子里。之前我向一个会议提出申请要发表一篇我们视角的关于这座城市人口膨胀的论文，一开始他们同意了，后来这个座谈会的创办人出来跟我说如果你在这里发表这篇论文我们就拿不到其他项目了。这难道不是审查吗？所以他们说自己是个自由的城市，但前提是你达到了他们的某种标准。还是说回这个议题，在德国城市人口膨胀你只能有一种观点，现在我仅仅只是提出另外一种观点、一种可能性，启发一场讨论，他们都不会允许。

M：如果有一天你会离开柏林，会是什么样的理由？ A：恐惧感。如果有一天我觉得生活在柏林不再安全，那么我会离开。其实我一直在想离开柏林的事，去年 10 月我参加了叙利亚大使馆赞助的一个音乐节。我不满很多国家，比如美国和伊朗，但我不针对任何个人，我有我的立场和主张，然后铺天盖地的谩骂和恐吓就向我袭来。我很想回到叙利亚，但我现在没法回去，除非阿萨德下台。你知道因为我的音乐和政治立场我被叙利亚当局判处了 3 年有期徒刑，之前我曾经坐过两个月牢，已经够难受的了，我可不想回去服 3 年的刑。所以最终我可能会去厄瓜多尔，但并不是因为我想去，我能去的地方不多，厄瓜多尔是为数不多对叙利亚免签的地方。

M：用一个词去描述一下柏林吧。
A：有时候我会用“自由”，有时候我会用“消费主义”或者“中产阶级化”，也许后者正在逐渐升温。

THE BAND I REFERRED TO BERLINER EVEN MY FATHER LIKES THEM

我给柏林人介绍的中国乐队连我爸爸都喜欢他们

采访 / 撰文 _ krejerk　**供图** _ Vlatka

SMZB
THE CHINESE ARE COMING
生命之饼
《中国人来了》
1999

在今天的柏林，电台依然是一个人们获取信息的惯常方式，互联网并没有让这种传统媒介消失，反倒是通过互联网，小众内容搭上了顺风车，来到这个自由国境。一档专门介绍中国摇滚乐和生活方式的国际电台在几年前的某一天开始在每周六环绕于这座城市的上空，带来新的乐队介绍、采访和演出新闻。

让我们想不到的是，这个名为中国呼叫（China Calling）的电台节目背后的操作者，居然是一个克罗地亚女孩儿，她叫弗拉特卡（Vlatka）。（欢迎登录官网www.chinacalling.org了解更多信息）

摩登天空（以下简称M）：可以告诉我们为什么一个克罗地亚女孩儿会搞一个全是聊中国音乐的电台节目吗？ Vlatka（以下简称V）：我出生在克罗地亚，在德国长大，那时候中国离我太远了，也听不到什么中国摇滚乐，所以我压根儿没想到未来我竟然会致力于推广中国新音乐。我20岁出头的时候在美国，那时候我在加州有一个电台节目叫“跳跃音响”（Pumping On Your Stereo），介绍美国或者英国的前卫摇滚。我第一次听到中国摇滚乐是搬到香港之后了，那时候会有一些内地乐队巡演过去，尽管我听不懂他们在唱啥，但听上去还挺不错的。我决定要多做了

NOVA HEART
PHOTO by REN HANG (R.I.P.)
新星的心
摄影 _ 任航

DABANG
PHOTO by XiaoBei
大棒乐队
摄影 _ 小贝

解，所以就从深圳坐高铁去到北京、武汉甚至哈尔滨去看演出，边看演出，边采访，有的时候带着翻译，有的时候就打着手势这么来，这一切都为“中国呼叫”的开始奠定了基础——一个为外国人准备了解中国当下的窗口。它的存在是必要的，因为哪怕在我踏上这块土地之前，关于它都还有很多国际上的负面评价，但这些评价与我后来亲眼所见的却完全不同，因此我决定做这样一个节目，向不了解中国的人展示当下中国年轻人能够释放出的活力和创造力，因为尽管我不会说中文，但这种创造力真真切切地触动了我。

话说回来，我还真认识一个克罗地亚姑娘在北京广播电台的克罗地亚频道念新闻——也可能不是念新闻，北京广播为什么要念克罗地亚新闻呢？我们毕竟是个只有 400 万人的小国家嘛（哈哈），但我说真的，南斯拉夫包括今天巴尔干半岛确实有一大波特别有意思的乐队，我爸爸就特别喜欢中国乐队，因为老式的工业质感能让他想起当年南斯拉夫那些传奇乐队，有的中国乐队去德国巡演他还真去看了，所以他认为这事儿我来干不错，多找些克罗地亚乐队介绍到中国吧！

M: 你还记不记得第一次听到来自中国的乐队是什么时候？现在你还喜欢那个乐队吗？

V: 第一次是去香港一个什么音乐节，那天我站得离舞台有点儿远，正跟朋友聊天呢，我突然听到一声特别有力量的嗓音，然后看到一个一身红色打扮的女人在台上特别有活力地表演，我赶紧终止谈话冲到最前边去看这个是什么乐队，后来又在一个小俱乐部里看到一个乐队，我想：“哇哦，中国也有朋克了。”然后赶紧花了好几个小时上网听听中国的其他乐队，越听越有意思，之后我就经常跑到深圳的 B10 看演出，我看了好多乐队，有一些甚至连名字都念不出来——回答你的问题，第一个乐队是 Nova Heart，第二个乐队是 Da Bang（大棒）。

M: 为什么选择电台这种方式，你是电台迷吗？今天中国已经没有那么多人听广播了，在柏林怎么样？ V: 我倒觉得电台真的特别酷，永远都得存在。我去美国学广播电视播报就是因为我很喜欢电台工作，我的第一份工作特别巧合，我当时就走进一栋特别老的建筑，然后听到有人在放我特别熟悉的乐队的歌，我压根没看到录音棚那个“直播”亮起的标志直接就走到 DJ 在工作的地方了，我说我知道这首歌，DJ 很惊讶，我们聊了一会，我问他怎样成为一个 DJ，他说很简单，你去找我老板，他会给你一个表格。过了几天我接到电话，得到了这份工作。在德国，人们还是一如既往地喜欢广播，这真让人高兴。

NEW PANTS
新裤子

M: 刚刚开始在柏林传播中国独立音乐和另类生活方式的时候你是不是面临一个需要给别人从头科普的局面？你是怎么开始的？

V: 一开始的时候我也在想：德国离中国那么远，会有人对这个东西感兴趣吗？不过让人惊讶的是，听众们都特别想听。和自我电台（egoFM）合作的时候，我告诉他们我要给他们做一个系列节目叫“中国呼叫”，我要推荐中国乐队，放中国新音乐，我记得我给他们放的第一首歌是“新裤子”的《Sex, Drugs, Internet》(《性，毒品，互联网》)，刚播了一段前奏电台站长就跟我说他要给我一个每周都有的黄金时间段。真是让人惊讶，话说回来，我仍然觉得电台对于乐队推广来说还是特别重要的，因为以此你才能让那些可能没机会接触到你音乐的听众听到你。

M: 谁是你采访过的最有意思的人？ V: 我当时在武汉采访过SMZB的主唱吴维，我们聊了整整一个小时关于他们乐队和整个中国朋克发展历程的故事，聊得我心旷神怡，而且我放了很多很多朋克歌曲，很多歌我想一定是第一次在电台上播放。

M: 我注意到你在神童乐队（Prodigy）造访北京的时候对他们做过一个采访，对于你的德国听众来说了解一支熟悉的乐队在一个陌生的城市演出会不会有些诡异？我也很好奇，当你在采访这种来自海外的乐队时会不会出现一个“中国视角”？一个不同于你采访中国乐队时的视角。

V: 神童乐队那期确实挺特别的，在他们刚刚下台之后就捕捉乐队关于在北京演出的一些感受……作为一个听众我自己也喜欢听那些熟悉的乐队分享他们在一个陌生国家演出的故事。采访神童这种乐队和一个中国乐队之间最大的区别在于，前者我很熟悉，听了很多年了，所以很多音乐内外的事情我都比较清楚，但一个来自中国的乐队是陌生的，我得从音乐开始，从一场演出开始慢慢熟悉他们，需要一个做功课的过程。

M: 我记得第一次听到有乐队去欧洲巡演的时候就在想“我们玩的东西已经好到欧洲人会好奇我们这里在干嘛了吗？”现在过去10年，你觉得中国独立音乐现在玩得怎么样？ V: 毫无疑问如果你问生活在北京这一圈的人，他们都会告诉你以前更好。我觉得这就跟一次爱情的发生一样，一开始一切都新鲜、神秘、刺激，然后几年过去了，这些感觉都慢慢淡化，然后你开始怀念过去。人好像都是这样，总是对已经过去的事情念念不忘，我总听到人说现在这拨乐队比不上以前，不只在中国，每个地方都是这样，我觉得更多的还是因为他们年华老去，失去了往日探索新音乐的激

SEX DRUGS INTERNET
NEW PANTS
《性、毒品、互联网》
新裤子
2011

情，我告诉你吧，现在不管是在中国还是其他地方，好乐队都在变得越来越多，2006 年至今确实很多事情变了，但老的场地关门了还有新的，这是一种循环，音乐不会停止被创造。

M: 你和你的听众交流密切吗？很多到国外巡演过的中国乐队也会比较各个国家对待他们态度的不同，比如在美国大家可能都觉得不错，到英国受到的都是审视的目光，你觉得柏林的听众对他们会是怎样的态度？ V: 英国人老那样，可能跟他们天气有关系，老下雨，人也阴沉沉的——哈哈，开个玩笑。我觉得有的英国人老觉得是他们发明了这些音乐，所以对于那些听上去有点儿像快乐小分队或者披头士的乐队他们就会带有这种眼光，但我知道他们也想听点儿新东西，比如他们所谓的中国声音。有一次我碰到一个格拉斯顿伯里音乐节的工作人员，他告诉我说他想给音乐节找点儿有中国特色的中国乐队，这是什么玩意儿？是带有传统民乐元素，还是什么。老实说，我自己是只想看好的乐队演奏好的音乐，不在乎是不是中国元素或者别的什么。他隔壁一条街有的是朋克乐队，我说万一中国就有比你隔壁一条街都强的朋克乐队呢，他说他从来没这么考虑过，他来中国就是来发掘"中国元素"的，不是来听好音乐的。而且好多人老有一种态度就是"啊，他们听起来像谁谁谁，他们听起来好像在学美国的、英国的谁谁谁"，但是世界上的每一个乐队听起来都会有那么点儿像你以前听过的某个乐队，我是说你能举一个例子说这个乐队没有受到任何其他音乐的影响吗？启发是启发，抄袭是抄袭，你受到某个根源的启发并不是说你在抄袭它，尤其对于中国乐队来说这就更不公平了。所以对我和我的柏林听众来说，这个乐队是哪来的一点儿也不重要，重要的是好听。

M: 即使在中国我们也会体会到人们对第三世界青年的日常活动感兴趣，更不用提全世界人们对于苏联 / 中亚摇滚乐，对于朝鲜和东德电子游戏的着迷了，你认为中国乐队在欧洲和美国，人们对待他们的态度会不会近似我们对待图瓦共和国的乐队的态度，换句话说，柏林的人们能否摘下猎奇的眼镜，用客观的标准去判断他们的音乐？ V: 有人会这么做，有人不会。有人就因为来自中国的乐队带有那种陌生的、来自老旧体制的符号感而喜欢他们，有的人就只想找好听的音乐。幸好现在越来越多的人更多专注在音乐上，所以我的工作就是让更多的乐队被他们发现，因为哪怕今天你打开收音机也会发现只要是聊音乐，绝大部分时候都在提那些来自美国或者英国的乐队，最多也就是一些西班牙、德国或者法国乐队，你想听到其他地方的音乐推荐还是很困难的，所以我希望我的节目里关于中国的音乐既非人们更熟悉又非更猎奇，而是更多元。

M: 所以你必须得在北京和柏林之间经常旅行了，你现在怎么看待这两座城市的异同。 V: 你一定从很多人那儿听到一种说法，柏林是一个对于创意保持开放态度的城市，你想做谁就可以做谁，想穿什么样衣服就穿什么样衣服，想当艺术家就当艺术家，或者街头音乐人、朋克，或者普通商务人士都可以，没有人会嚼舌头。这就是柏林，它造就了柏林人更直白的性格，刚开始他们可能会表现得不友好，但其实不是，他们都有很本真的性格。

WUWEI
SMZB
ONE NIGHT IN PRISON
吴维
生命之饼
《贻笑大方》

WHEN GRAF
TAKE OVER

WHEN GRAFF

WHEN GRAFF

BERLIN!

OPUP
ERLIN

ITI

SWEEPING THE WORLD

16/15

THE WALL WASN'T THE ONLY BARRIER TO FALL

WHEN GRAFFITI TAKE OVER

TI TAKE OVER

TI TAKE OVER

STREET ART SOMETIMES ERASE ITS OWN HISTORY

“都市狂欢”画廊 街头艺术 柏林新声

采访 / 撰文 _weiz

“都市狂欢”画廊（Urban Spree），坐落于东西柏林界河施普雷河畔，你对柏林乃至全欧洲当下城市文化的探索，都能在这里实现——因为这个 70 000 平方米的空间中，不只有已经成为准网红经典的涂鸦墙，还有画廊、书店、音乐厅、工作坊甚至啤酒花园。而且，它的创办人之一是一个之前在巴黎工作和生活的金融界人士帕斯卡尔·弗舍尔（Pascal Feucher）。

摩登天空（以下简称 M）：这一片空间比我想象的大太多了，尤其是从旁边的桥上看上去很特别，这里从前是什么地方？是个工业区吗？ 帕斯卡尔·弗舍尔（以下简称 P）：这里曾经是火车修理厂，大概建于 19 世纪，如果我没记错，应该是 1867 年。这个工厂经历了这里的各种政体更迭，直到柏林墙倒塌，这里也被废弃了，很快便杂草丛生。但是后来有一些艺术家会聚集到这里，甚至办起了一所杂技学校，还有一个攀岩俱乐部，所以，大概 2000 年，这里就开始变成了另外一个地方。

M：选址在这里，是有什么特殊的考虑吗？现在这里是市中心了，但以前似乎不是？ P：对，这必须提到柏林分裂的历史。这里离柏林墙很近，几乎是城市的尽头了，今天可能很难想象，在这么一个地带，原来几乎无人涉足。当时选在这个地方主要是因为，只有在往日废弃的工业遗址里，我们才能有大片的空墙面用来创作。在这里，大片墙绘的出现也不会像其他地方看上去那么奇特而怪异，一切看上去都是真实、粗粝而自在的，所以我能说，这就是我们应该在的地方，我们是这里有机的一部分。

M：我注意到很多在柏林生活的艺术家很喜欢提到“有机”这个词，在你看来这个词的意思是什么？ P：对我来说，街头艺术来自城市艺术实践，所以，你用你的工具创作，无论是像钢笔、刷子或喷雾罐，在它周围甚至在它之上，别人也留下自己的痕迹。城市创造了一种画布，画面是人类的干预。所以，这不仅仅会像一个艺术作品那样非常纯粹地挂在画廊。这就像是不同质地的堆积：也许有一张旧海报，被风和雨撕掉了。然后一个家伙放了一张贴纸，然后有人做了涂鸦，有人做了一个小模型，然后它变得像一个艺术作品。但它不是有意识的，它是由自然、城市的性质决定的。这就是问题所在，街头艺术就是城市在诉说自己。

M：作为一个聚焦于街头艺术的画廊，你会如何定义今天的所谓“街头艺术”？这个概念是不是随着它的普及而变得越来越含糊了？ P：对我来说，街头艺术可能更偏重一种语境而非形式，它可能由各种技术和风格混合而成。换句话说，它既可能是小幅的

PASCAL FUECHER
Urban Spree
Photo by weiz
帕斯卡尔·弗舍尔
“柏林狂欢”画廊
摄影 _Weiz
2018

模型版画，也可能是很大的一片墙绘，或者是可回收材料做成的装置。最重要的是，街头艺术一定是在和街头的每个人发生关系，它身在公众之中，比如在一座建筑的外墙，或者一段水坝上——它能和每个路过的人发生对话。

和所谓“美术”不同的是，街头艺术一定要处理一个“规模的问题”，它需要让你看见它、让你侧目，所以它必须有出人意料的部分。好的街头艺术实际上应该是城市景观的一部分，它背后不仅有层出不穷的艺术家，也有大批的爱好者和摄影师……

值得欣慰的是，街头艺术已经开始变得系统了，我们有越来越多的艺术节、展览和集市，也有专门的城市导览带领人们去探索一个城市。

M：那么，街头艺术和画廊的概念本身会不会产生冲突？在一个特定的空间中，一个城市艺术画廊和一般的艺术画廊应该有怎么样的区别？ U：就展示的作品来看，一个城市艺术画廊应该有足够大的墙面可以展示墙绘，不管是在室内还是室外，一个展览应该有不同的维度，而不只是把作品挂上去。

在都市狂欢，我们更关注“后涂鸦”，我们的艺术家可能有涂鸦的根基，但是由此还应该有更丰富的影响和自由，而不仅仅是涂鸦。这是一种流动的姿态，就像涂鸦颜料罐不仅仅是个罐子一样。

M：作为巴黎人，你是不是也经历了这个城市街头艺术的爆发和冲突？后来为什么打算移居柏林，只是为了做这个画廊吗？ U：对，巴黎的街头艺术大概在2000年达到了高峰，2012年我搬到了柏林，开办了都市狂欢。我在金融业里小有成就地干了15年，但是觉得是时候换种活法了。我想过一种更自在，更有创造性的生活。作为一个街头艺术迷，我自然而然地想到了要办一个画廊，柏林是我最容易落脚的枢纽，你可以把这个尝试看作一种360度的转变！柏林是欧洲第三大旅游城市，又有最多的国际艺术家，而且生活成本不高。你在欧洲任何其他的首都，都不可能找到和租下市中心的一片2 000平方米的区域，还有一座大花园！

M：柏林的街头艺术和其他城市的有什么区别？这个城市的街头艺术在你看来是怎么发展起来的？ U：柏林的街头艺术其实成于涂鸦，这其实是这里的城市文化根基。这是欧洲最年轻、最有生机的城市之一，墙上、火车上、屋顶上到处可见涂鸦。二战的破坏之后，有很多的空屋给艺术家们提供了自由的空间。这里是世界上最棒的几个涂鸦团体的大本营，比如1UP和柏林孩子（Berlin Kidz）。

这不是一个特别干净和富于古典文化气息的城市，这里很酷。政府和权威人士尽管不喜欢涂鸦，但也无法把它们清除掉。所以柏林的旧涂鸦，只会被后来的涂鸦覆盖，整个城市就像一个有机生命体，有自己的新陈代谢。我觉得纽约其实在这点上很接近柏林。

在柏林，街头艺术的起点其实是柏林墙的倒塌，正面墙上几乎都画满了涂鸦，1989年以后，涂鸦文化进一步在整个城市扩展，尤其是在空荡荡的东柏林。

M：当时的涂鸦艺术家现在还有多少在创作？出身东西

AROUND URBAN SPREE
Photo by weiz
被艺术家改造的火车修理厂
摄影 _Weiz
2018

柏林对他们有什么不同的意义？ U：还有一些，我从 80 年代就认识他们了，不过他们创作的题材或多或少产生了一些变化。

对于很多人来说，尤其是新一代，柏林是一整座城市，不再存在东西柏林之别。过去 30 年间，能感觉到柏林更快的融合步伐，这个过程其实是一种紧张的重建。所以，很多废弃仓库、工厂、占屋、旧军事基地里的涂鸦都消失了。

这也说明了，街头艺术的本质，可能是抹去一地本来的历史，新的涂鸦取代了原来的涂鸦。不过，在世纪之交也有很多地方有了永久的涂鸦墙。

M：但同时一个有趣的现象是，今天柏林政府仍然把涂鸦当作一种非法的形式？ U：对，不过我觉得它也“应该”是非法的。涂鸦是一种冒险行为，涂鸦艺术家其实寻找的不是自己的公众认同，而是志趣相投的同伴。你也可以说这是一种表演或者一种冲动——不是为艺术而艺术，并不意味着它不是艺术。

M：这是涂鸦和街头艺术的区别之一吗？ P：对，涂鸦时为了朋友创作的，他们不在乎是否会有人喜欢。但是街头艺术相反，街头艺术的创作是为了让别人喜欢，有的时候涂鸦艺术家甚至不喜欢被喜欢，如果有人抱怨他的作品，那就是对他的一种激励。

M：商业现在对街头艺术介入的程度如何？就整个艺术领域而言，人们对街头艺术的接受度大概是怎样的？ P：其实现在街头艺术和当代艺术还是割裂的。只有比较个别的时候，顶级街头艺术家的作品可能被收入博物馆——我们所谓的当代艺术系统。换句话说，大部分艺术家并没有脱离地下的状态。

对我来说，真正的街头艺术应该只能存活在街头，一件作品出现在街头和行人对话，和出现在画廊里被人观看是两回事。

M：在你看来，现在柏林的街头艺术家最大的诉求是什么？他们是不是也迫切地想进入所谓的艺术圈？ P：对，现在也有越来越多的画廊在做这件事，想把街头艺术作品带进巴塞尔之类的艺术博览会里。我认识的 90% 的艺术家都很想举办个展，因为大部分艺术家并不仅仅在街头创作，他们也会在家里创作作品，不过这些作品是很难被看到的，我觉得这是一个街头艺术家最完整的身份体现，我们就是在做这件事。

M：都市狂欢不仅有柏林本地的艺术家，也给很多在柏林发展的外国艺术家提供了机会，在你看来，柏林的成长背景对一个艺术家而言，具有某种独特性吗？ P：其实我们首先看重的是他的作品，但是有时我们也在保持一种平衡。因为我们发现我们最受欢迎的展

览大部分还是本地艺术家的，因为他们的影响力更高。今年我们在计划一个6个月长的展览，大部分是本地艺术家，也有4位外国艺术家，大家能在街上看见他们的作品，通过拍照或者其他什么方式“拥有”它们！这可能就是柏林的街头艺术特别感性的一面吧。

M：这里还给很多艺术家提供了驻留机会，这种运作是如何完成的？
P：我们其实在交替进行驻留计划和展览。每个艺术家可以在我们的工作室里居住2~3周，运用我们有的所有资源，结束驻留后在这里举办自己的展览。每年大概会有3~4个这样的周期，我们还有几间工作室永久提供给艺术家使用。

M：和单纯地举办展览或者收藏作品比较起来，肯定需要耗费大量的资源，经济上的运作是如何进行的？
P：我们其实可以成为一个商业注资的画廊，但是我决定不这么做。一般的画廊，需要买卖艺术作品来维持收支，但是我们对这方面不会给予任何压力。到目前为止我们还是一个独立的画廊，没有政府或者企业的资助，我们也不想要这些。我们对此很自豪。

M：在都市狂欢发生的让你感触最深的事情是什么？P：我们几乎依靠自己把这里转变成了一个独特的艺术空间。你在这里不仅可以看到艺术家的作品，还有音乐会现场、市集和其他有意思的东西。我觉得自己是某种炼金术师，让不同的人聚集在了一起，并且快乐地相处，不论他们是偶然路过还是特意前来，是要看画展还是偷偷摸摸地来找些乐子，哈哈。

M：你们目前面临的最大问题是什么？P：实际上，我们引以为豪的70 000平方米的空间，正在受到租金的威胁，就像柏林的其他地方那样。

M：对艺术家和其他普通人而言，生活成本其实也在上升？ P：对，这和我们面临的问题一样，正因为柏林的生活成本不高，艺术家们才会来，但是一旦他们不能承受这种压力，柏林就不再是他们的城市了。

所以，柏林城市艺术的未来发展，很大程度上取决于我们还有多少空间可以利用，价格是不是可以承受。

M：目前有这样的“离心”的趋势了吗？ P：对，连本地的贫民都在搬往莱比锡之类的德国城市，不过柏林目前的最大吸引力还在于，这是一座更加国际化的城市，你甚至不需要会说德语。而且，它很年轻，只有 25 岁，因为我们目前看到的大部分城市建筑都是柏林墙倒塌之后才建成的。

所以，这是一座充满年轻人的年轻城市，生长力惊人。

M：这里将来也有可能搬离柏林吗？

P：对，目前这里的租约还有两年，我们可能会搬到其他的城市，甚至其他的国家。

我们也在和德国其他地方和欧洲的机构开展合作，可以把我们的艺术家推向更广泛的观众。我们会参与布鲁塞尔、罗马和巴黎一些音乐节和艺术节的策划，而且总是期待着能有走出去的机会。

THE OUTSIDE WALL OF URBAN SPREE
Photo by weiz
都市狂欢画廊外的涂鸦墙
摄影 _Weiz
2018

TAVAR ZAWACKI BERLIN IS LIKE PARA

塔瓦·扎瓦基 柏林就像天堂 但你得亲自来看看

采访 / 撰文 _weiz

塔瓦·扎瓦基（Tavar Zawacki）只是目前“停留”在柏林的艺术家之一。

他1981年在美国加州出生，十几岁时就在自己的嬉皮士父母的影响下，开始涂鸦。19岁的时候，塔瓦背着装满颜料的背包，买了一张单程票飞到了巴黎，当时他的银行账户余额是1 500美元。

在巴黎，塔瓦开始涂鸦自己的代号——ABOVE，不久后转化为代表上升的箭头标志，随着他不断旅行，这个标志也扩散到了数十个城市的街头。

2014年，塔瓦搬到了柏林，希望在德国建立一个基金会。他的兴趣开始转向室内艺术实践。他签约了柏林一处著名的画廊——都市狂欢，大部分时间宅在自己的工作室里，并开始使用自己的真名，尝试更多的艺术风格，举办了自己的个展。但谁知道，他的下一站是哪里呢？

METAMORPHOSIS
URBAN SPREE
变态
塔瓦在自己的展览上
2017

ISE

塔瓦·扎瓦基（Tavar Zawacki）：街头艺术正变得越来越有趣，街头艺术的各种风格也越来越明晰了。过去的一年里，我尝试了很多新的街头艺术风格，比如错视画也是其中一种。

我大概是 2000 年到 2002 年做了两年换工，不仅有了居所，而且还可以赚取生活费，当时真的觉得一切太完美了。更重要的是我有很多很多自由时间，我可以不分白天黑夜地在巴黎涂画我当时标志性的箭头。不过当时，街头艺术这个词好像还没被怎么使用，它好像也和艺术没什么关系。

我 1999 年到巴黎的时候，政府想要清除所有的涂鸦。在新千年到来的时候，巴黎人却在忙着刷墙。当时整个城市都是灰色的，涂鸦几乎看不到了，这可能是涂鸦历史上一个黑暗时期。警察甚至突然袭击了 3 个涂鸦者并逮捕了他们。还有很多活跃的涂鸦者也被拘留了，那个我想要居住的巴黎几乎在我到达的时候就已经死了！

2000 年左右，我开始在巴黎四处贴我做的美国邮政标签，2001 年我开始第一次尝试非法涂鸦——也就是我的“箭头”。这是一个不带任何倾向性的图案，辨识度也很高，在来巴黎之前，我只是把这个用传统的字体涂出来而已。在涂鸦的过程中，我发现一般人并不会觉得我在做一件违法的事。甚至大白天，我也可以在涂鸦完成后轻松地离开现场。

有一次，我正在涂一个商店的卷帘门，当然我这么做并没有征得同意。不过，我对警察说，是店主让我画

TAVAR ZAWACK
Urban Spree
创作中的塔瓦
2017

TAVAR ZAWACK AT HIS STUDIO
Photo by weiz
塔瓦在柏林的工作室
摄影 _weiz
2018

的，警察就沉默地看了看我——我站在梯子上，穿着一件蘸满颜料的连体工作服，然后他们什么也没说就离开了。第二次也是相同的情况，他们走了我就接着画，然后离开，从来没有被逮捕过。

没有什么所谓的涂鸦墙，没有人把这个当作一种好的城市景观，自然也没有所谓的合法性。不像今天，政府文化部会支持街头艺术的发展，但当时所有的涂鸦都是非法的。

在巴黎待了几年后，我在欧洲玩了一圈。除了柏林，当然也有布鲁塞尔、阿姆斯特丹、哥本哈根、维也纳、布达佩斯之类的城市。我第一次到柏林，就看到了非常多的涂鸦，多到让我震惊。尽管我不会德语，但是我发现这个城市很国际化，你甚至用不着德语。那是 2005 年，我觉得我就在一瞬间爱上了这座城市。

即便是在柏林，涂鸦也总是非法的。政府把这些当作纯粹的毁坏公物的行为。但涂鸦本身就应该是那种野生的东西，它是有攻击性的，是一种对城市原有空间的侵犯。涂鸦艺术家都知道这一点，但是街头艺术就不一样了。

现在我不再涂鸦了。尽管，我有时会为音乐节或者一些工作去做室外的大型墙绘。其实我现在基本不认识柏林的涂鸦艺术家了。

我在柏林一开始创作的涂鸦，就大部分已经被覆盖了，有的是因为政府，有的是因为其他的涂鸦者。不过一开始做这件事的时候，我就明白，在街头的涂鸦不太可能持久，对吧？

柏林其实和巴黎、纽约比起来，街头艺术算不上兴盛，它只是涂鸦之城。

柏林的街头艺术，还不能和商业产生很良性的关联，原因是，后者并不关心街头艺术，也不想插手。而相反，伦敦这样的城市，就有很多商店和业主想要成为街头艺术的一部分，但在柏林，仍然没有这样的意识。

这里有艺术，有音乐，有世界各地的人。夏天大家一起在这儿喝啤酒。这里好到你需要亲自来看一下才会相信——这就像人间天堂。

瑞尔希
我喜欢将涂鸦想象成一个非营利的宣传活动

撰文 / 采访 _ 幺蛾　供图 _ RYLSEE

RYLSEE
I IMAGINE GRAFFITI AS A NON-PROFIT BILLBOARD CAMPAIGN

PHOTO BY
PASCAL FEUCHER
摄影 _ 帕斯卡尔 · 福彻

1

西里尔 · 维洛兹（Cyril Vouilloz），又名瑞尔希（RYLSEE）。长居柏林的日内瓦（瑞士）艺术家，左撇子，害羞的说唱歌手，喜欢和擅长做字母涂鸦，热爱艺术、滑板和音乐。瑞尔希和朋友雅恩（Yann）一起创造了品牌“嘲笑”（SNEEER），“嘲笑”的特色是把生活中的蠢点子写到衣服上去。瑞尔希在这儿主要负责视觉设计部分。

2

瑞尔希（RYLSEE）：我对旅行的热爱是我从妈妈那里传下来的。我记得，她曾经带弟弟和我到处探索新的国家、风景和文化。我十几岁的时候，对滑板的热爱使我想要探索更广阔的世界。首先在我长大的小村庄，然后是市中心，然后是其他国家……在瑞士工作多年后，我开始和很多大人物、品牌、俱乐部和音乐家们合作，参加了许多文化活动。

但我开始觉得，我需要离开舒适区，给自己带来新的挑战……是时候去别的地方了。24 岁时的我去了离家 8 000 多千米的温哥华。当时我不怎么会说英语，在温哥华也没有认识的人，完全从零开始，去向别人和自己证明我的价值。当我回顾这段时光时，我觉得去温哥华可能是我一生中做得最好的决定。

3

5. TEL AVIV POSTER
特拉维夫海报

7. A-DISTORTED
RYLSEE SOLO SHOW
A－失真
瑞尔希个展

5

6

1. POSTER
ROMMY GONZALEZ
海报
设计＿罗米·冈萨雷斯

2. RYLSEE SOLO SHOW OPENING
瑞尔希个展开幕

3&6. RYLSEE STUDIO
瑞尔希的工作室

4. E-FALLEN
掉落的 E

7

4

LAZY
RYLSEE SOLO SHOW
懒
瑞尔希个展开幕

PHOTO BY GABEE BALAGUÉ
摄影 _ 加比 · 巴拉格

可能听起来有点儿俗气……我来柏林实际上是因为一个女孩。我们都想要发展自己的事业，开启新的旅程，她选择了柏林，我就说："好的，我也来！"说实话，我觉得我人生中的很多重要转折点都是来自当时一个随意的决定。

我不认为世界上存在一个理解涂鸦艺术家的城市。我认为涂鸦不仅仅是一种艺术形式，还是一种依赖于观点的破坏行为。它更像是一种生活方式、一种看待我们周围事物的方式。我喜欢将涂鸦想象成一个非营利的宣传活动。

我的日常是，每天花一个小时的时间吃早餐，然后几乎每天都去工作室。正如我的艺术家朋友科隆所说："最重要的是到工作室里，其余的都会跟着到来。"

说到创作，我创作大部分作品的方式实际上很简单，总是从这个问题开始：我自己觉得这很有趣吗？人们不需要有艺术或设计方面的知识才能理解我的作品。我们想要谈论的是一些幽默的、简单的事情。 :)

"城市狂欢"对我来说就像是我在柏林的家一样。我刚来时，正在寻找工作室。我遇到了帕斯卡尔（Pascal，"城市狂欢"的创始人），他带着我四处逛，向我解释他想在这座建筑里做什么。当时那个被遗弃了 5 年的建筑看起来更像是一个动物巢穴，而不是今天这样的艺术和文化中心。

我认为艺术是柏林日常生活的一部分。各个领域的艺术互相融合，碰撞出新的东西。但我要给想搬到这里的人提一个建议，那就是要有一个计划。柏林是一个充满诱惑的城市，如果你不谨慎，你可能会陷入永无止境的派对深渊。柏林可以说是对自律的终极考验。

ART IS POLITICAL BUT I'M WORKING WITH ASTHETIC

艺术是政治的 但我希望你们看到“美”

采访 / 撰文 _weiz

Hendrik Czakainski（赫德里克 · 扎卡因斯基）是我们在柏林采访的唯一一个不那么“街头”的艺术家，但他的作品却更直接地转向这座城市，或者所有的城市。在我看来，这是一种更本质的德国性，但在一些我更关注的关键问题——比如对城市化和士绅化的看法、城市的外来移民和本地居民关系、最理想的当代城市模型上，他却选择了跳过。

Untitled
无题
2017

摩登天空（以下简称 M）：你是如何发现目前这种关于城市化和微缩景观的创作主题的？之前你做过什么其他的作品？赫德里克 · 扎卡因斯基（以下简称 H）：这不是一时的灵光闪现，而是考虑了很多年的结果。我之前画油画时，画了很多建筑，逐渐地被其碎片化中的整体性迷住了。我对这个世界面临的各种问题感兴趣，比如人口过载、环境破坏、城市化和工业化，我看过无数这类的纪录片。我也经常旅行，印度的贫民窟给我留下了很深的印象，当地的情况是西方国家的人不能想象的，这一切凝聚成了我的主题。

M：我发现你的作品是一层一层制作的，其实这个过程很像建筑被建造的过程。H：没错，这个过程非常累，有的时候第一层工作会被之后的完全覆盖，完成一件作品需要很大的耐心。但是随着层数的积累，我看到的东西会发生巨大的变化，有的时候我甚至需要更长的时间，来调整每件作品各个细节的颜色。

M：你的作品让我联想到了一个被摧毁的城市遗迹，而柏林也是在现代被摧毁得最厉害的城市之一。这座城市对你来说意味着什么？H：柏林不像其他任何一座大城市，不论是东方的还是西方的，这里没有大工业，也没有特别完善的基础设施，不过这里的当代建筑特别激动人心。而且，这里的都市文化能让人从一个街角即可看到，这一点对于文化创造而言非常重要。

Untitled
无题
2017

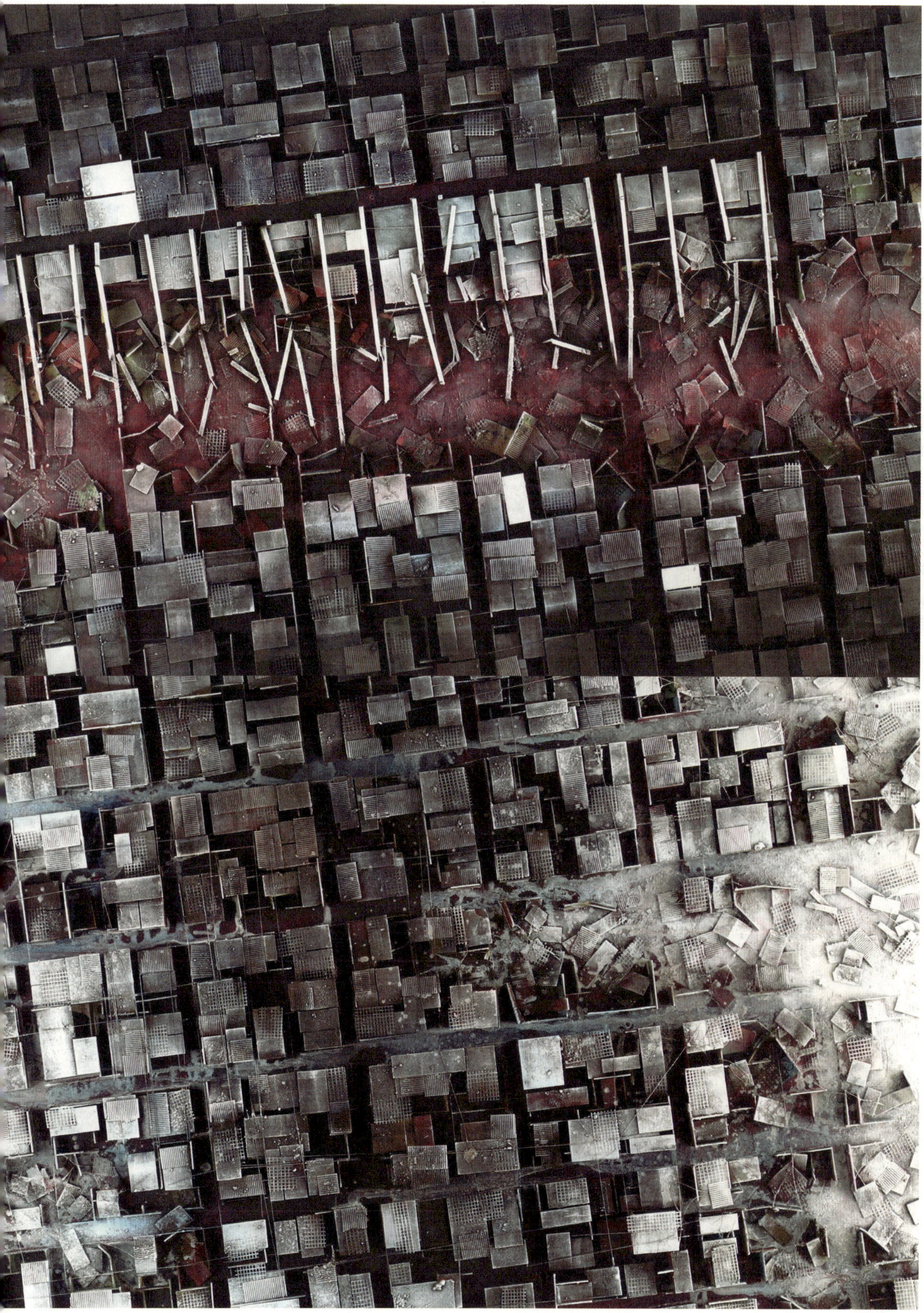

Untitled
无题
2017

0
2013

Untitled
无题
2015

Hendrik Czakainski
赫德里克·扎卡因斯基
2018

M：你作品中的鸟瞰视角非常有震撼力，这种作品中的视角，可能在卫星技术被广泛应用前很难想象，你怎么看待这种技术？ H：这背后的问题实际是现实和媒介呈现的东西之间的区别。这个问题我很难回答，但我要强调的是，我在作品里呈现的东西，并不是真正的现实世界，不是谷歌地球里能看到的。这是一个幻想中的世界，是我在头脑里俯瞰到的。我把我对建筑和城市的认识翻译成三维形态，呈现在作品里，我希望观众看到的东西也是立体的，而这其中既有宏观的东西，也有微观的东西。

M：你说过你的作品在挂着和平放时非常不同，这种区别只来自于作品呈现的角度吗？ H：我觉得，这主要和人类对不同位置的东西的辨识能力有区别有关，就像你从不同的角度识别同一张脸，很多时候都会觉得另一个角度的脸有些陌生。我在创作的时候也在不断地调整这一点，因为横向在底板上创作的作品，最后观众看到的却是纵向的。

M：听说你还会把旧作品改造为新作品，其中有什么考虑？ H：这其实分成了很多种情况，大多数时候是我觉得这个作品不够好，有的时候仅仅是因为颜色不对——于是，原来的作品可能会变成新作品的一部分，这确实让我感觉很棒，同时也能节省一些空间。

M：你在创作作品的时候会有一个预设的展览空间吗？ H：不会，但我确实和大部分艺术家一样喜欢高大明亮、棱角分明的房间，因为这样的地方，恰好可以展现我作品里混乱、荒芜的一面。不过，我也曾经在截然相反的地方做过展览，比如在一间倒闭的酿酒厂，层高很低，到处都是水管之类的东西，而且很昏暗。那里唯一被打亮的就是我的作品，我觉得那也很好。每一次展览，我其实都期待着这种惊喜。

M：从冷战至今，柏林的艺术都因政治批判而著名，你怎么看待艺术中的个人表达和公众表达？德国在两次世界大战中的经历是不是让艺术也不得不背负一种赎罪的担子？ H：说实话，我没有考虑过这个问题，我几乎不会在创作过程中想到政治。我尤其不喜欢较为直接的政治影射，我也不希望大家带着这样的眼光看我的作品。但我确实认为，所有艺术都带有它的政治性，艺术作品是艺术家向大众表达自己政治观点的方式。
而与此同时，人们对我作品的政治误读是非常有意义的，他们代表了不同人看待我作品的方式，而我看到的仅仅是颜色、形式、组合等美学上的东西，和政治情感全然无关。

一个在柏林扎根的西班牙人，一个在画廊里会戴上面具的匿名艺术家，一个在柏林街头描绘女孩形象的浪漫主义者，这一切构成了埃尔 · 博科（El Bocho）。在一座被涂鸦反复覆盖的柏林，你仍然可以在很多街道上偶遇他的作品，并且留下深刻印象。

EL BOCHO A FLOWER SOMETIMES GIVES ME MORE THAN A BOMBER AIRPLANE

埃尔·博科 一朵花会比一架轰炸机给我更多感动

采访 / 撰文 _weiz　　**供图** _El Bocho

左图
Citizen
Illegal wall in Crimmitschau, close to the IBUG festival 2014
市民
克里米乔街头的一片非法涂鸦墙

右图
Posteraction
海报行动
2015

摩登天空（以下简称 M）：你在柏林的街头活跃了很多年，作品的类型也越来越丰富，你如何定义你当下的创作？ 埃尔 · 博科（以下简称 E）：总之是越来越让我兴奋了。我现在已经有了一些收藏家，他们买我的作品，鼓励我的创作自由。我目前在进行建筑和一系列新的绘画技术实验，这可能也是我未来几年内的关注方向。

M：最初搬到柏林的时候，当时街头是什么样？现在有了网络和社交媒体，你觉得这对街头艺术是好事吗？ E：当初，街头会有很多便衣巡查，我有时候会到每个犄角旮旯，去寻找新的作品和可以创作的空间。今天，每个人都可以在手机上看，而不必去亲自探索，我觉得这创造了一种距离。

M：刚来柏林的时候，这里的外国艺术家多吗？生存难度大吗？ E：一开始的时候，为了生存我做了一系列混合艺术，我签约了画廊，所以压力会小一些。后来我知道，如果你能独立于艺术机构，赚钱的方式会多得多。

M：你做过很多种类的街头艺术，其中很重要的就是海报，为什么选择这种形式？
E：因为海报的便携性非常高，我出门旅游也可以带在身上，我总是背着海报和胶水，哈哈。其实我也对装置很感兴趣，装置就是因为便

Little Lucy
El Bocho
小露西
埃尔·博科

携性的原因，很少被运用到，但是我觉得那是我将来努力的方向。我已经张贴过上千张海报了，我需要一个转变。

M：你一直以来都坚持匿名，在画廊的时候也会戴着面具和大家见面，有想过有一天用真名创作吗？ E：我的考虑是，如果你揭露了真实身份，就不能自由地创作了。我想，我大概已经忘记了我的真名了，哈哈。我的画廊和收藏家也很尊重我对匿名的选择，不过我不想和自己的观众产生任何距离，所以，嗯。如果我有一天决定不做一个街头艺术家，我就会用真名，我觉得这一天会到来。

M：柏林的涂鸦创作者和街头艺术家是两个群体吗？二者之间会不会产生冲突？ E：确实是两群不一样的人，涂鸦者不在乎艺术，他们跑来跑去，所以两群人是不可能融合的，但是这也很有意思。

M：你创作的形象小露西和"市民"都是女性，你曾经说过自己是在通过她们传达一种浪漫感，而这是不是街头艺术通常缺乏的？ E：柏林的街头艺术，90% 都是政治性的，但是艺术应该给我们提供更多可能。我个人会觉得用一幅画表现政治的复杂性太具挑战，尽管很多艺术家都在这个领域里钻研。对我而言，很多时候，一朵花会比一架轰炸机给我更多感动。

M：那你会刻意避免个人化的表达吗？ E：对，我会尽量把一切东西放到街头去看，个人化的东西会转变成不同的形式，比如画册。我希望更自由地和艺术发生关系，不过目前的一个趋势是，街头艺术越来越难以辨认出个人特征了。

M：摄像头系列的创作是怎么得到灵感的？身在柏林，你会感觉到被监控的焦虑吗？ E：摄像头其实是街头艺术里很常见的元素，它们通常表现的是负面意思，但我想正面地用。现在柏林的摄像头还没有那么多，但是，你知道，肯定在变得更多。但问题是，这不可能阻止犯罪。

M：你曾经加入过任何涂鸦团体吗？ E：没有，我觉得那些团体更像帮派，而不是朋友。我基本都是一个人创作，给自己打气，然后躲避警察。

M：警察会抓所有在街头涂图案的人吗？有那种专门抓涂鸦创作者的警察吗？ E：分情况，张贴海报的行为，和胡乱停车差不多，不过我

POSTER ACTION

Violence Project
El Bocho
“暴力”项目
埃尔·博科

从没被罚款。涂鸦就会付出更大的代价，比如，进监狱。有一个专门抓涂鸦者的队伍，他们有自己的情报，有的时候会派出直升机，不过我觉得这完全是浪费资源。

M：那会有大规模的清理行动吗？ E：有的时候会有，比如在重大选举前。

M：对于柏林的街头艺术而言，商业的参与程度有多少？ E：这一点上，柏林和其他城市比起来，确实很穷，单靠艺术是不能生存的。唯一的好处是，目前房租和饭钱还不算太贵。

M：现在在街头涂鸦的都是年轻人吗？柏林墙倒塌，涂鸦兴起的时候，老一辈的人现在在何处？ E：沿着地铁线，还可以看到很多二三十年前的涂鸦，它们讲述着这座城市被分隔的历史。但是如今的所谓涂鸦景点里，已经很难看到那些人了。我很喜欢当时的作品，不过，这类作品也不仅仅出现在当时的柏林。

URBAN NATION UNIQUE UNITED UI

"都市国度"博物馆 独特 联合 不可阻挡

采访 / 撰文 / 摄影 _ weiz

Urban Nation
都市国度
2018

一个在艺术领域工作了超过 20 年的策展人雅夏 · 杨（Yasha Young），去年在柏林开了世界上第一家当代城市艺术博物馆——"都市国度"，这并非离经叛道。就像柏林这座城市没有"离经叛道"这个词一样。雅夏 · 杨一直关注着当代城市艺术运动的发展，她自己也拥有在多个大城市的生活经历，但这一次，她选择了柏林。而我们在这座博物馆里见证的，就是城市艺术在城市空间中的生成过程。

摩登天空（以下简称 M）："都市国度"的位置很棒，在地铁上我就看见了外墙上涂绘的 3 个单词，也是这次展览的主题——"独特（Unique）""联合（United）"和"不可阻挡（Unstoppable）"，这也是你对当代城市艺术的 3 个形容词吗? 雅夏 · 杨（以下简称 Y）：对，我觉得这是对当代艺术运动的 3 个总结性的单词，我用了 5 年时间完成了这次展览，这也是我这 5 年印象最深的 3 个词。

2018.3.24
16:45
Bülowstraße 7

STOPPABLE

Urban Nation
都市国度
2018

M：一般人在说“街头艺术”和“涂鸦”的时候，“都市国度”却在一直强调“当代城市艺术”，为什么要强调这个称呼？ Y：街头艺术或者涂鸦只是当代城市艺术的一部分，我们做的也不是一个街头艺术博物馆，而是当代城市艺术博物馆，说起来拗口，但是这才应该是最恰当的命名，就像所谓街头艺术运动其实是一场当代城市艺术运动一样，因为这种近 20 年涌现出的艺术用街头艺术或者别的词汇概括，还是会显得狭隘。

M：柏林本地的当代城市艺术运动和在世界其他地方发生的相比，有什么特殊性吗？ Y：柏林是一个对创新非常推崇的、激进的艺术城市，它拥有很多的外国居民和国际社区，而且没有发生过比较大的冲突，所以这是一个孕育当代城市艺术运动的完美城市。在我看来，它就是这场运动的核心，从这里，当代城市艺术一步步传到欧洲的其他城市，比如慕尼黑和阿姆斯特丹。

Stairs
“都市国度”的楼梯也是一个作品
2018

Restroom paintings
盥洗室涂鸦品
2018

M：你如何看待互联网和社交媒体对当代城市艺术的影响？ Y：这是一种很不错的变化，因为这是一种互动。我们大体已经生活在一个数码时代，现在创作和销售作品在很大程度上是积极的，因为时空限制不存在了。但是我认为一个艺术家不能为了大众反馈的喜好而创作，还要停下来等一等、考虑一下。

M：在联络来自全世界的艺术家时，他们最大的诉求或者最关心的问题是什么？ Y：我在艺术圈里工作了 25 年，习得的一个技能就是听取别人的需求，我觉得这些艺术家都在渴望一个社区共体，或一个平台，“都市国度”就是其中的躯干。他们需要自己的作品让更多的人看到，甚至成为艺术史的一部分，也需要更多的交流。今天你在这里看到的驻场艺术家，就正在场地中间完成他的项目，我们需要更多这样的“见证”。

M：这是否也是你们作为一家“当代城市艺术博物馆”和普通的当代艺术博物馆的区别？ Y：对，我觉得最大的区别就在于，我们也会随着作品而“动”，即便商业上不会获得成功。我们会跟随一件作品从诞生到完成，直到走向更多的地方。

M：在柏林，商业活动与艺术结合的情况如何？ Y：我说不好，但是我们是非营利的机构，我们也自豪，所有的人可以进入我们的大门，不用掏门票。我们希望让所有人都能平等地接触到艺术，看到它的发生。

M：所以你们也不想和所谓的艺术圈发生瓜葛？ Y：我觉得那是画廊该做的事，或者是那些商业艺术家做的事，但我们不想这么做。我们当然想做出一番成就，但是我们相信应该有一种全新的方式。

M：你认为未来对在柏林活动的艺术家最大的挑战是什么？ Y：应该是一种过度饱和的艺术生态和侵略性的艺术营销，所以身为艺术家必须非常小心，不能被一种暂时的利益所裹挟，也就是说，你必须保持住一种艺术家的工作方式，把握住符合你期望的最好机会，而不是盲目去追寻高目标。

M：我注意到，“都市国度”的网站有一个地图，上面标记了艺术家们的墙绘作品，你们也有一个“一面墙”项目，这个项目的目标是什么？ Y：“一面墙”是我们对邻里生态的关注，如果有房东愿意“贡献”出一面墙，我们的艺术家会用 10 天的时间根据这间房子的历史和周围的环境，给它创作一个墙绘作品。

M：作为一个十分年轻的博物馆，你们的下一步计划是什么？ Y：对我个人而言，我要和 350 个艺术家建立更良好的联系，我们希望有更棒的主流项目可以让艺术家参与。可能每个艺术家可以在这里停留 3~6 个月，不论他们是把这些时间全然用作冥想，还是真正用在改变自己的创作方式上，我希望大家都能毫无经济压力地享受这种创作的自由。如果这件事成功，我们也会给其他机构提供借鉴。

THE WANDERER'S GUIDE TO BERLIN GRAFFITI

柏林涂鸦漫游指南

采访 / 撰文 _weiz

在网络上，有太多指南可以帮你方便地找到那些显眼的、适合拍照的巨幅涂鸦，这对柏林来说，是好事也是坏事。柏林墙倒塌后，整个城市迅速地成为世界各地艺术家的涂鸦画布，尽管这种形式从没有成为合法的，但这并不影响城市的每一寸都迅速被覆盖，以及在之后的岁月里，被反复覆盖。柏林是一座年轻的城市，而新柏林的30年，也恰好是街头文化“占领”和刷新柏林街道的30年。

施瓦岑贝格屋
Haus Schwarzenberg

这可能是柏林最著名的街头艺术“景点”，但它并不只是一个景点。首先，你得先找到来这里的路，整个房子和院子都隐藏在一条陋巷的门后，你走过、路过都容易错过。不过，一旦走进那扇门，你就会忘掉刚才路过的属于干净街道、咖啡酒吧和有设计时尚的店的新柏林，因为这里似乎还停留在冷战时期，而在那之前，这里也曾经是庇护犹太人的工厂。

原地形 RAW-Gelände

曾经的柏林边缘，如今却是中心，从华沙大桥看下去，这个 8 800 平方米占地面积的地方，曾经是一个火车修理站，现在则是艺术家聚集的地方。画廊、酒吧、剧团和攀岩俱乐部，你很快能发现它们最基本的共同点——墙上没空！

涂鸦名人墙 Graffiti Wall of Fame

这面墙的名字，让人想到“摇滚名人堂”，暂且叫它涂鸦名人墙吧。如果你亲自去朝圣，可能会有点儿失望，因为这面墙，实在是有点儿小。不过在这里创作的人，可能并不在乎自己是不是出名，只要他们画下的人物——从库布里克到卓别林——夺人眼球就够了。

柏林墙公园 Mauer Park

柏林墙里最著名的一段，当然是在东部画廊，不过在那儿，你可能很难看到涂鸦被创作出来的过程，但柏林墙公园就不一样了。阳光明媚的周日，摊贩、游客和涂鸦者都会来到这儿，不过后者的包里，带的是喷漆、刷子和面罩。所以，这大概是涂鸦最快被刷新的地点，甚至——他们连旁边的椅子也不会放过。

石头地街道 Rosenthaler Straße

米特区的这条街上，不仅有一串博物馆，还有安妮 · 弗兰克中心，以及被填满的墙。几乎所有的街头艺术形式都可以在这里看到。附近的“死鸡巷”，因曾在这里创作的“死鸡社团”而得名，你还可以到地下的一个蒸汽朋克俱乐部看看，因为你在柏林可能找不到第二个和这里一样的地方了。

奥伯鲍姆桥周围 Oberbaumbrücke

如果你在柏林只去一个地方看涂鸦，你当然会去东部画廊。但是，别着急大步向前，因为周围还有值得看的。当你从 Schlesisches Tor 地铁站出来，就能看见奥伯鲍姆桥。这座桥也是柏林重要的地标，因为它曾经连接着被柏林墙分割的弗里德里希斯海因和克罗伊茨贝格两区，已经成为柏林统一的重要标志。从地铁站到这座桥的路上，有很多著名艺术家创作的大型墙绘，不过我就不多说了，惊喜留给你。

竞技场（Arena）俱乐部附近的巷子

我发现，一个俱乐部聚集的地方，涂鸦都不会太差。这个在一次采访后意外发现的地方，和谷歌街景的样子完全不一样，仍然是去过北京 798 的人不会觉得陌生的老厂房，只是连玻璃都不能和喷漆绝缘。

魔鬼山美军监听站 Teufelsberg

我在飞机降落在柏林前几分钟就鬼使神差地看见了这个地方，而据去过的朋友讲，想要到达这里，如果不迷路也要爬几小时的山。这没什么奇怪的，毕竟在冷战时期，这里是美国的监听站，视野极好，因为位置偏僻，几次设想中的酒店改造也无疾而终。而如今，涂鸦艺术家们的创造让这里成为了柏林的涂鸦秘境，而你即使找到了路，也要花上几欧元的门票，不过，你有机会还是会去，对吧？

汤米 · 维施贝格屋 Tommy-Weisbecker-Haus

我们应该记住汤米 · 维施贝格，这个 23 岁的青年于 1972 年被西德警察杀害，这栋房子也成为了克罗伊茨贝格区的占屋之一。如今，这里的一层开着一家小俱乐部，整栋楼都被墙绘占据，其中的两台电视机上，“播放”着与当代生活迥异的场景。

啤酒刷 Bierpinsel

“啤酒刷”里的商店无疑比它外面的涂鸦更短命。这座造型科幻的塔型建筑建于 20 世纪 70 年代，2010 年，数位艺术家在这里完成了自己的作品。这座奇怪的建筑几次置身于被拆除的危险之中，但直到今天仍然幸存着。M

Graffiti
Berlin
摄影师一行人在街头看到的涂鸦

BLA
ND

当人们提到世界上的独立出版中心，通常会想到伦敦和纽约，而柏林常常被人忽视。德国有着丰富的出版历史，这个城市的开放性和反叛精神已经孵化了越来越多的高质量独立出版物。柏林有许多专门售卖、展示杂志的商店，也常举办展览和讲座，为杂志爱好者和出版人提供了一个可以聚集起来的空间。许多在这个城市汲取养分的独立杂志有着独特的文字和影像风格。

独立杂志潘塔（PANTA）最初是在里斯本开始的，它的主创团队成员来自世界各地。对于潘塔来说，艺术适用于每一个人，而不仅仅局限于画廊、博物馆、剧院和音乐厅等地方。所以潘塔以独立出版和其他更多有趣的形式支持创意人的各项活动，包括街头艺术、摄影、设计、插图、写作、音乐、表演和建筑等等。

IF YOU WANT TO MAK DON'T BE AN INDEPEN PUBLISHER!

如果你想赚钱 就别做独立出版！

采访 / 撰文 _ 幺蛾　　**供图** _ PANTA

潘塔：潘塔的名字来源于哲学家赫拉克利特的“Panta Rhei”的哲学概念，意思是“一切都在流动”。

潘塔是这样出现的：当时我们（夏洛特和马里奥）刚刚成立了一个在线艺术家预订平台（Book a Street Artist），吉尔（总编辑）有时会帮我们拍摄艺术家的照片。吉尔十分热爱编辑和设计工作，她一直在制作一本艺术杂志，我们很喜欢她的这个主意，所以就把这个主意和在线艺术家预订平台联系起来。

在做第一期的时候，我们自己做了所有的工作：选题策划、采访艺术家、书写文章、拍照，还有设计。我们想要发表一些试图解决重要问题的艺术家的作品——无论是关于社会还是环境等方面的。我们不是因为他们在艺术圈里多有名，或是符合某种结构化的艺术形式来选择他们。对我们而言，重要的是他们在某种程度上有助于产生积极的社会变革。潘塔是没有盈利的。如果你想赚大钱，独立出版并不是个明智的选择。

我们的总编辑吉尔原本是从乌拉圭来的，她一生中大部分时间都在移居，目前她在里斯本。夏洛特也是编辑，来自德国。我们的市场总监马里奥来自哥伦比亚。苏菲（项目经理）主要住在阿姆斯特丹。我们的技术编辑是澳大利亚人。我们有来自葡萄牙、法国、美国和其他国家的实习生。团队自然而然地聚集在一起。至于为何选择在柏林工作，其实并没有一个特别的原因。但不知怎的，我们都被这个城市所吸引，我们感

1. **PANTA, Issue 12**
潘塔杂志，第 12 期

2. **PANTA, Issue 11**
潘塔杂志，第 11 期

3. **PANTA, Issue 10**
潘塔杂志，第 10 期

1

MONEY ENT

2

受到了这里自由的氛围和艺术的各种可能性。

我们在世界各地建立起一个摄影师和作家网络，我们会给他们很大的创作自由度。

柏林是一个充满可能性的城市。也许是战争时期城市的结构，或者是从过去吸取的教训使得它重建自己，柏林开辟了一种大家在为社会重建做出贡献的新视角。这是一种非常自由的感觉，你可能不会在其他欧洲国家的首都找到。柏林的名声吸引了来自各地的人们，这反过来又刺激了创造力和文化的融合——这是相当迷人的。

我们每次在新一期杂志推出的时候会在柏林举行发布会。通常，我们会和那些只通过电子邮件或电话沟通的撰稿人合作，然后在这个时刻，我们终于可以见面了！

3

FADE OUT LABEL ETHICAL FASHION IN BERLIN

淡出 创造一种柏林式的“道德时尚”

采访 _ 幺蛾　翻译 _Kiara　摄影 _ 穆静

“淡出”（FADE OUT Label）相信独一无二——当《摩登天空》杂志团队走进他们的工作室，就能够完全确认这一点了。两位设计师安德烈和尼古拉（Andrea Bonfini&Nicola Gomiero）来自意大利，相识于罗马，几年后他们在柏林遇到了对方，一拍即合打算一同开启这个项目。他们采用手工制作的方法，将回收材料重新组合，创造舒适、男女皆宜的服装：可重复，但始终不同。

也许是为了抵抗当今时装系统的过度生产和对劳动力的剥削。FADE OUT Label 对材料和生产的可持续性提出了自己的见解。在柏林，关注自身与环境，也许才是真正的时尚。

“淡出”（FADE OUT Label）：我们最初的想法是想做出一些不那么和时尚直接挂钩的、全新的东西出来。然后我们就开始用可回收材料来尝试做些不一样的东西。后来才有了把这些做成一个真正品牌的想法。我们所有的产品都是中性设计（unisex）的，这对我们来说是很重要的一点。

在柏林有两种方式来讨论时尚，一种会比较在乎舒适度和实用性，比如会考虑到天气或者场合。另一种会更多地考虑时尚意义。德国和北欧的人们会更多考虑到时尚与生态间的平衡，也会更倾向用可回收材料来做衣服。我们觉得这种可持续的时尚可以和一般意义上的时尚做得一样好，我们也想参与到这场时尚革命中来。在意大利米兰或者法国巴黎，时尚都是很重要的话题，但他们更多在乎的可能是那些大牌子。但在柏林的话，人们会更专注于时尚产品的质量。

我们使用的大部分材料都是回收材料，如果要用全新的材料的话，我们会用产自德国本地的有机棉，尽可能减少污染。我们的牛仔裤大多是从跳蚤市场或者其他二手市场买的，有些高质量的牛仔布料会在意大利买，有些在这儿买。在古着牛仔裤上你是可以看到时间留下的印记的。我们尽可能在不同颜色的丹宁布料上进行创作，像是做马赛克拼贴一样。“道德时尚”（Ethical Fashion）有别于快时尚，我们倾注了很多时间在这上面，从找牛仔布料的原材料，到拼接时缝的每一针一线，到之后浆洗，再重新创作。我们差不多每件衣服做出来都要至少 12 个小时，每件东西都是我们两个人亲手做出来的。在米兰或者巴黎的话，“可回收材料”可能更多地意味着这件衣服很便宜，而不是像在德国和北欧一样有这么重的环保道德上的意义。

柏林和其他那些时尚圣地最不一样的地方在于，设计师们给自己找工作室会更容易一些，税和房租相对都要低廉很

Andrea Bonfini & Nicola Gomiero
FADE OUT Label
安德烈和尼古拉
“淡出”

FADE OUT Label's Studio
“淡出”工作室墙壁上贴了很多照片

多。从柏林的城市历史上来讲，这座城市也确实很不德国。从二战之后一直到 20 世纪 90 年代中期，其间发生的所有历史都让柏林变得与众不同。

柏林的时尚设计会更加注重实用性，而不止于像伦敦所追求的静态观感上的时尚。在意大利的时尚语境里，材质和剪裁会很重要，在巴黎可能也是这样。但在柏林的话，我们不会追求这种时尚意义，不会太在意时装周或者时装季节，我们在尝试从另一种角度来阐释时尚。不过在我看来，伦敦可能是最适合时尚设计师的地方。柏林的时装周可能有点儿无聊。

在柏林每样东西、每件事情都有很快的节奏，建筑、时尚或者人，每个月都可能发生很大的变化。柏林会给你一种创作的自由感，这也是柏林和其他城市很不一样的地方，比如在意大利，每件事情都可能是在相对固定的审美下进行的。

我们不会固定地每个季度或者每半年出一个系列，一般来讲什么时候有灵感了，我们什么时候开始创作，而且如果有

1. BALLA Jacket
牛仔面料和有机棉

2. INDIGO Overall - black
牛仔面料

3. TAAL Trousers - medium blue
牛仔面料

1

2

3

人想要 3 年前的某一款，他也可以直接订。我们的所有设计都是手工制作的，而且全部都是中性设计，我们觉得没有必要讲哪些衣服是专门为男士设计、哪些是专门为女士设计的。你要是喜欢这件，你就拿去穿，不用受性别限制。或者比如一个顾客看上了一件衣服，但他想要绿色的而不是灰色的，我们也可以尽力去专门做。我们也会和柏林以外的门店积极沟通，更好地了解顾客或者买手们的需求。

作为独立的品牌主理人，一天的工作真的很多。什么事情都得上心，从邮件、日程到摄影，忙到根本停不下来。我们有一些柏林本地的顾客，也有来自日本、中国香港和其他地方的顾客。我们一开始是被伦敦的一些时尚网站所发掘和推荐，他们给了我们很大的曝光度。2016 年在巴黎，我们入选了十五位国际设计新锐之一，2017 年 1 月入选了五大国际设计师之一。11 月我们入选了八大先锋设计师……参加过一些设计秀之后，很多顾客就开始联系我们了。我们没有找专门的推广，能做到这样我们算是很幸运的。

WILFRIED PLETZINGER BERLIN ITSELF IS NOT A COLORFUL CITY

威尔弗里德 · 佩尔辛格 柏林本身不是个多彩的城市

采访_幺蛾　翻译_Kiara　摄影_穆静

时装设计师威尔弗里德·佩尔辛格（Wilfried Pletzinger）在 20 世纪 90 年代中期就开始在柏林尝试“回收”式设计，当时这种设计技术很少有设计师涉足，但已经成为一种趋势。短暂地离开之后，他选择回到柏林用“升级再创造”（upcycling）的形式打造运动服装品牌。2013 年，柏林 Spreepark（柏林废弃的游乐场）的一个展览“昨日的垃圾就是今天的宝藏”展示了“环保时尚”的概念，佩尔辛格的作品在其中极受关注——曲棍球球衣变成了晚礼服，睡袋和背心则被制成多彩的外套，他打造的“运动型未来主义”风格服装，也是对主流快餐时尚的一种私人化的反思。

威尔弗里德·佩尔辛格(Wilfried Pletzinger)：我在柏林已经住了 30 多年了，最开始还是住在西柏林，有段时间搬去过瑞典，后来我还是回到了柏林，我觉得这里更像是我的家乡。柏林人更开放一点儿，愿意接受和尝试新鲜事物，而且柏林也变得越来越国际化，很适合做设计生意。

我从大概 20 多年前就已经开始做时尚设计了，那时候科技舞曲音乐正在盛行。当时我们这种设计体裁还只是叫“回收再创造”（recycle）而不是像现在一样叫“升级再创造”（upcycling）。那个时候的人们还不像现在这么关注环保，但对我来讲这不光是意识，更多是因为整个过程对我来说是很享受的。我内心的环保意识很强，不喜欢浪费，觉得把回收过的东西创造成一些新的东西是很有挑战性、超越现代意义的过程，我本身也乐在其中。

至于为什么 20 世纪 90 年代的人会很喜欢这种环保时尚的概念，可能是因为这个概念在当时是打破传统的，和当时的俱乐部文化的盛行可能也有点儿关系，所有事情都在变化。

我很喜欢科技舞曲和电子音乐，朋克的话我也比较喜欢，但绝对说不上热衷。嘻哈也不错，我现在有个实习生就是玩嘻哈的。我虽然不是哪个嘻哈音乐人的粉丝，但我很欣赏一些美国嘻哈音乐中的那种要为社会政治问题发声的使命感。偶尔会有一些嘻哈音乐人到我这里来买衣服。我很喜欢嘻哈那种宽松舒适、很运动风的感觉，在我的设计里也能体现这些特点。

说起 H&M 等快时尚连锁商店，我知道他们的宣传里会说自己是注重生态环保的，比如他们有可持续时尚系列，但是背后更多还是大型的血汗工厂，比如在孟加拉，或者其他主要加工的地方。而且对于这些大品牌来讲，做到完全环保也是一个大到不可估量的工程。而且就我个人来讲，这些大品牌的设计都太主流，并没能给我带来很多设计灵感，我不想和大街上每个人都穿得一样。我希望人们，包括现在越来越占主流的年轻人，可以更多意识到自己的独特性，而不只是一味追求快时尚，买来穿穿就扔掉。我希望人们可以像我或者我父母那个年代的人一样，认真对待每件衣服。我自己不会做快时尚。现在很多设计师都会和年轻人一起工作，我自己也是，我现在在和附近的一家体育学校一起合作做一个回收再创造的时尚项目，我们会一起做展演和时装秀，也希望呼吁起年轻人想一想，除了快时尚，在穿衣打扮上还有没有其他有意义的选择。

我自己搜寻创作的原材料的话，古着店、二手店、跳蚤市场我都会去，也会在 eBay 上买，还会和一些布料商合作，他们会把布料样本给我。如今在跳蚤市场找到高品质的布料并不容易，很多人倾向于把保存得比较好的衣服在 eBay 上转手卖掉，现在去一次跳蚤市场能找到三四块合适的布料我就很满足了。

2018. 3. 24
12:30
Reinhardtstraße 6

Wilfried Pletzinger
威尔弗里德·佩尔辛格
摄影 _ 穆静

Bigfoots

Sport-Shop

Rhein-N

helit.de

adidas

柏林是个非常国际化的旅游城市，而且我不得不说，如果没有这些国际游客，可能我的店也就不复存在了。来自不同国家的游客们很注重时尚和他们自己的穿搭，而来到这个城市的人不会刻意指摘彼此的穿着，更多的是接受对方的独特。当然也有不那么在乎时尚潮流的人，对于一个设计师来讲，这些人在我眼里确实会显得有点儿无聊。

我之前还挺喜欢去俱乐部的，不过现在不常去了。有趣的是，很多柏林人喜欢穿一身黑去俱乐部玩，尤其是如果去科技舞曲主题的俱乐部的话，很少见到穿得花里胡哨的人。柏林本身可以说都不是个太多彩的城市。

当我问起别人他们为什么来柏林的时候，生活成本低是一个原因，另一个原因是柏林的自由度、包容度都很高。柏林人不会太评判别人穿什么、做什么，不会在意一个人是贫是富，相比起来在其他城市没钱、没工作可能会让人很难堪。用一个词来描述柏林的话，我会用自由（freedom）。柏林是一个国际化、多文化的城市，尊重每个人的个性。

最近比较糟心的事情，大概就是我需要尽快找到一个更大的工作室吧。随着来柏林的人越来越多，这件事也越来越难了。

我很喜欢柏林的夏天，很容易就能找个离家不远的湖去游泳，至于我最喜欢的地方嘛，我暂时不想讲，不想让我最宝贝的地方变得太大众啦。

BOOK STORES RECOMMENDATION

以逛书店的名义逛柏林
柏林艺术类书店不完全推荐指南

采访 / 摄影 _ 波粒

在热热闹闹的街头艺术和五光十色的夜生活之外，柏林也真的有不少可以让你安静一会儿的有趣地方——书店。生活方式杂志《单片镜》（MONOCLE）曾以城市独立书店的密度作为其中一个指标来票选全球最宜居的 25 个城市，柏林以 222 家的数量位居第二。柏林几乎每个街区（Kiez）都有自己的书店，Kiez 是个经常被柏林人提到的词，指的是自己生活的那块小区域。气息相近的人自然聚集在同一街道或社区，独立书店因为其独特的个性与主张，往往能体现出该书店所在街区的性格标签。

MOTTO BERLIN
格言

Motto Berlin Skalitzer Str. 68, 10997 Berlin
mottodistribution.com
+49 30 48816407
12:00 - 19:00（周日、周一休息）

克罗伊茨贝格（Kreuzberg）是标新立异的人士的购物天堂：旧唱片、旧货、复古品、新兴时尚和原创设计在这里应有尽有。位于克罗伊茨贝格东南角的“格言”书店，就藏在青春放肆的涂鸦墙后的小巷子，没有太多迎合，自立生长。

从地铁口西里西亚门（U-Bhf Schlesisches Tor）出来，向西走几十米，看到蓝字白底的招牌便是。格言书店空间不大，几十平方米里竟是收入了上万本图书，书店的门口摆放着时尚杂志和一些罕见的独立杂志，书柜台上多是工作室或个人制作的独立出版物（fanzine）。到了后区书架，挤满了艺术类书籍，其中不乏有日本摄影图册。格言书店还单独辟出一块声音艺术区，展示着由艺术家创作的黑胶唱片，并有一个唱机方便顾客试听。

URBAN SPREE GALLERY
“都市狂欢”画廊

Revaler Str. 99, 10245 Berlin
urbanspree.com
+49 30 74078597
12:00-18:30（周一休息）

与格言书店仅一河相隔，在弗雷德里希斯海因（Friedrichshain）有一个原始地形（RAW Gelande）的文化园区。位于这个文化园门口的“都市狂欢”画廊充斥着自由因子。这不仅是一家画廊，还是一个集合 DIY 手工坊、书店、演出空间、艺术家驻地的文化空间。这里能淘到外面买不到的涂鸦书籍，老板自己设立了出版品牌，为涂鸦艺术家代理个人画册，还有很多自出版杂志和艺术书籍值得挑选。

逛完画廊后很适合在这个文化园里再细细走走，这个文化园曾是东德国营铁路的维修厂区，自两德统一之后就被废弃。后来被艺术创作者们占领，近几年发展成为艺术文化创作、创作者展演的理想之地。这里周末有跳蚤市场，平日还有酒吧、露天剧院、地下乐队演出场所，以及攀岩墙与室内滑板场，为爱好者们保留了自由发展的空间。

RENATE COMICS
雷娜特漫画

Comicbibliothek Renate Tucholskystraße 32, 10117 Berlin
http://www.renatecomics.de/
+49 30 52135807
14:00-20:00（周四、周日休息）

发现这家漫画店是一个意外。当我沿着图霍尔斯基街（Tucholsky），往北走到与奥古斯特街（August）的交口，它所在的一栋爬满枯藤的米黄石房猝不及防地撞入我的右眼，在两边维护精致的欧式建筑对比下，它显得有点儿“鸡立鹤群”。

如果不是玻璃门上贴着福美托（Fumetto，意大利语“漫画”）漫画节的海报，我可能根本不会意识到它是一家漫画店。进去之后，别有洞天。房间中央挂着一个粉色蝙蝠，它咧开的笑脸似乎也打破了你所在的三次元。墙上零落钉着很多艺术海报，墙上用简易木条拼成书架，架上摆着薄厚不一的艺术绘本，还有不少是本土插画师、艺术家出的个人志。喜欢手绘漫画、独立出版物的朋友不要错过。

在柏林米特区的哈克市场对面，有德国最大的院落群建筑——哈克庭院（Hackesche Höfe）。早在 20 世纪 20 年代，这里就聚集了德国商业银行、男士服装商店、乐器店、手套和皮衣店。如今这里也有电影院、手工皮具店、各类俱乐部和咖啡甜品店。二战期间哈克庭院曾受到损坏，20 世纪 90 年代末得以修缮。从旁边艺术影院门口进去，拐到旁边小路就像去到另一个迷幻结界，这里有画满涂鸦的墙面、奇形怪状的雕塑，还有小剧场和小酒吧。一直往前走就来到一栋有更多密密麻麻涂鸦的小楼，诺尔提坦就在这里的二楼。

这栋楼里面的涂鸦比外面的密集有两倍多，充满迷幻感。当你推开书店的玻璃门，你可以看到来自全世界 20 多个国家的近千本杂志与独立出版物，半空中挂满了丝网印刷的艺术海报，种类涵盖艺术、时尚、文学、政治、音乐、摄影、漫画等等。如果你喜欢电子乐、漫画与视觉艺术的话，这里值得来看看。

NEUROTITAN
诺尔提坦

Rosenthaler Str. 39, 10178 Berlin
neurotitan.de
+49 30 30872576
12:00-20:00（周日休息）

SODA
苏打

这个名叫 SODA 的书店，和它的名字一样，带着碳酸泡沫的透明轻盈与现代感。这家店在慕尼黑经营了 11 年，2015 年在柏林米特区的罗森塔尔广场地铁站（Rosenthaler Platz）旁开了第二家分店，与周围的素食餐厅、咖啡店和有机商店等等形成一套自洽的雅痞环境。这里的小精品店和旗舰店的橱窗展示着典型的柏林中区风格。

“全球化”是苏打书店的理念之一。这里的杂志几乎都是英文的，书店精选了来自世界各地的艺术设计类相关杂志和图书，选书更年轻化一些。我在这里买到了一本从屁股严肃探讨视觉文化的独立刊物。不过成也萧何败也萧何。进门右手边的一整排 MONOCLE TRAVEL（单片镜旅行）系列，让人有一丝进入到一家旅游纪念品店的错觉。

Weinbergsweg 1, 10119 Berlin
sodabooks.com
+49 30 43733700
11:00-19:00（周日休息）

C/O BERLIN
C/O 柏林

Hardenbergstraße 22-24, 10623 Berlin
co-berlin.org
+49 30 28444160
11:00-20:00（七天不休）

% Berlin 位于柏林蒂尔加滕区动物园附近，这里可谓是展现了光鲜现代西柏林的摩登一面了。过两个路口就到著名的选帝侯大街，西方第一百货公司卡迪威（KaDeWe）坐落于此。沿路是香奈儿、路易威登等国际大牌，著名的时尚生活概念商场比基尼商城（Bikini Berlin）与设计酒店“柏林 25 小时”也在这附近，步行可达。

在这蔓延着时尚生活精致气息的商圈里，C/O 的选书大多也是来自英、法、美、日等地广有知名度的摄影大师，精装固定大开本的艺术图册整齐地罗列在五层高的书架上。这与东柏林的艺术书店展示的多是艺术家的独立出版物很不一样。在我前往期间，正好碰上时尚摄影师欧文 · 佩恩（Iring Penn）的展览。毕加索经典的黑白肖像照立在门口处，它与 C/O 柏林大落地窗的灰绿建筑体呈现出一种商业逻辑下应有的经典且专业的姿态。

BERLIN

MAUER
PARK
79/90

HE WORLD IS TOO
SMALL FOR WALLS

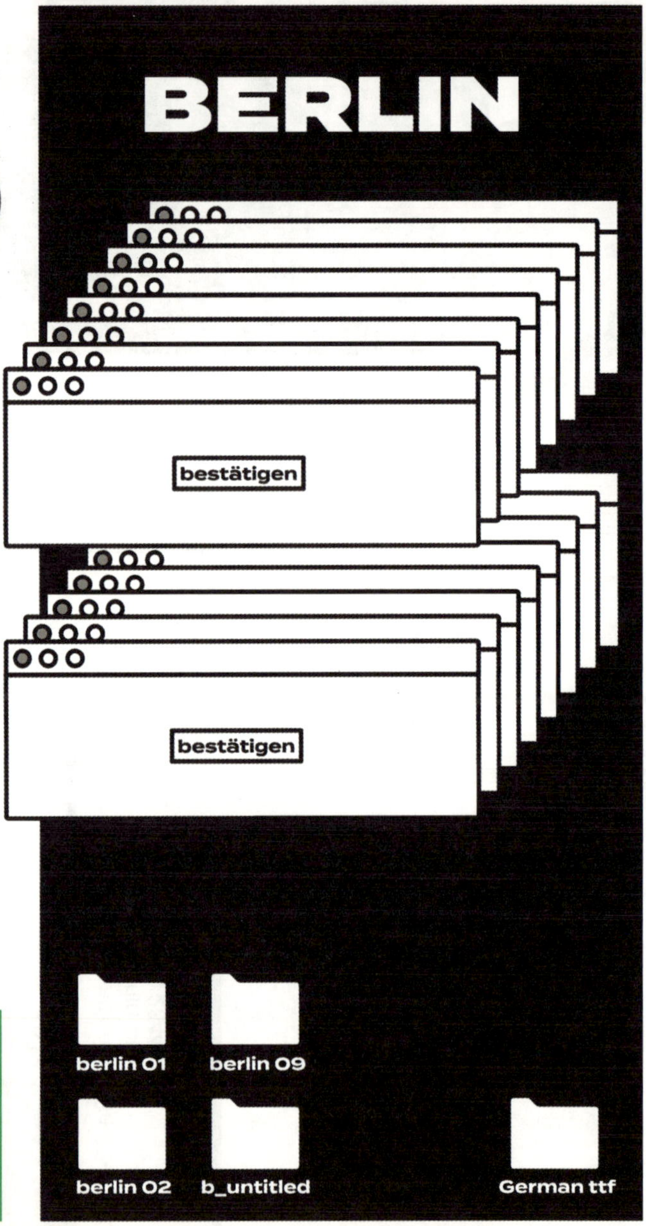

POSTER ACTION
EAST SIDE
GALLERY

BERLINERS

BERLINERS

! BERLINERS ON BERLIN

ON BERLIN
ON BERLIN

麝明（Musk Ming）生活在柏林，他有一个由跨界艺术家、同志和中国人组成的复杂身份，这些身份共同叠加起来会形成一个独特深邃的视角，透过这个复杂的“光学镜片组”去观察柏林这个本身已是光怪陆离的城市，会是怎么样一个效果？

到今天麝明已经观察了十几年，不同身份相互之间交织出的经历的差异让他在观察的同时能够体验到更深的内核，反思更多的不同。

另外一方面，他的身份又实在太“柏林”了，好像天生就应该生活在这里。

他会怎么看柏林？我们在柏林最资深的同志书店“铁心王子”（Prinz Eisenherz）找他聊了聊。

1

2

1. Plum Blossom
寒香
42x56 cm, 2017

2. Anmutige Schönheit
婉
30x40cm, 2009

摩登天空（以下简称 M）：你在柏林已经生活十几年了，现在生活在这儿的感觉和第一次观察这座城市时区别大吗？那时候为什么决定来到柏林，如果是现在做出判断的话，你会一直生活在这里吗？ Musk Ming（以下简称 Ming）：柏林十几年间的区别，大概就是整体变得越来越旅游业和商业了吧，比如最早去“东十字”（Ostkreuz）时，那边还是一片残垣断壁般的荒凉，曾有很多布满战后留下的弹孔的空楼旧墙，如今已寻不到它们的痕迹了。记得第一次到柏林时，只待了一个昼夜，那时正开始准备拆除大教堂旁的东德遗迹共和国宫（Palast der Republik），我对那一大片的茶色玻璃墙印象很深刻。

柏林是座包容性很强的地方，我最初来柏林时，被它的满身伤痕感动。到了现在，也还没找到一座比柏林更适合我的城市，所以目前我应该会一直在这边生活下去。

MUSK MING BERLIN IS BRUTAL
麝明 柏林其实很残酷

撰文 / 采访 _krejerk　**供图** _Musk Ming

M：作为半个柏林人，你觉得外来人口、文化和意识形态会不会已经构建出一个新柏林来了，你是否见到过有人对于改变心怀抵触吗？
Ming：柏林的包容力强，所以各种突兀的东西都能平行出现，其实柏林每天都在变化，不断有各种新鲜血液涌入，各种观念和思想都杂乱交错着，有人心怀抵触或者心怀感激，都很正常。

M：你在柏林一天的生活是如何安排的?
Ming：我一般都是根据工作计划日程安排每天的生活，如果有画展要参加，视频要拍，或者去录歌，就要按提前安排好时间出门。除此之外，就是在家里的工作室创作吧，我一直都很宅，比较少交际。

M：最近很多人在讨论柏林，其中存在很多声音，在有人喜欢柏林的同时，也有人指出反面柏林的反叛是一种没长大的表现，你会怎么定义这座城市，你觉得它真的是很多人想象中的“天真的乌托邦”吗? Ming：前些年读了本有趣的书《罪恶的柏林》，是讲一战后“黄金二十年代”柏林的堕落疯狂，虽然后来经过了纳粹的铁拳和柏林墙的隔绝，但20世纪90年代在柏林废墟上重获新生的自由与反叛，其

3

4

3. Red Rebel Series - Marilyn Monroe
红色叛逆之玛丽莲·梦露
60x80cm, 2010

4. Red Rebel Series - Marlon Brando
红色叛逆之马龙·白兰度
60x80cm, 2010

5

6

5. Red Rebel Series - James Dean
红色叛逆之詹姆斯·迪恩
60x80cm, 2010

6. Red Rebel Series - Marlene Dietrich
红色叛逆之玛琳·黛德丽
60x80cm, 2010

实是回到了它最初的根源。柏林既不天真，也不乌托邦，柏林其实是座很残酷的城市，治安也没有国内那么好，比如有些地方我是不敢独自去走夜路的。而且我亲眼看过很多青春美好、才华横溢的新鲜人，充满理想而来到柏林，最后被榨干了鲜血，消失了音信。所以当年所谓的罪恶之都，并非妄言。

M：我不太同意很多人说你那些政治波普画作是“传统和反叛的结合”，我觉得更像是你在展现你个人从刻板里发现禁忌的诱惑和刺激感，它应该是一体的而不是融合的，能否向我们解释一下你的创作动机来源？ Ming：关于我的画，一直都有各种不同的理解，最早时我还常会在画展上被各种奇怪的问题雷到，后来也就无所谓了。每个人都有自己的文化与生活背景，有不同的性格与感知力，所以有不同的观感和理解，都是很正常的。每当被问到非常政治的问题时，我都只能抱歉让对方失望，因为我在创作时真的没有想那么多。我其实脑子里总会冒出太多稀奇古怪的图像，不找到途径把它们宣泄出来，人会发疯。我比较不擅长理性的思考分析，也许太忙于表达，也没有时间想过关于动机的问题。其实是“小孩子家口没遮拦”，不过小孩子容易被原谅，我作为成人就只会被怀疑动机阴险了。

7. **Dragon Dance**
翔龙
47x94cm, 2017

M：一座过分自由的城市会不会让生活在其中的人失去表达的欲望？不过确实仍有很多住在柏林的艺术家在孜孜不倦地创作，生活环境的变化有没有让你的创作发生变化？ Ming：我觉得灵感这种东西，应该不会因为过分自由就消失不见。我其实除了最早参加一些艺术展会，以及后来开了4年画廊期间，和其他的艺术家接触比较多以外，大多时间都是独自创作的，所以很难说别的艺术家如何。对我自己而言，柏林这边自由的环境让我有了更多展示的空间和表达的可能性。

M：在我们的印象中，柏林是一个不在乎标签却又喜欢贴标签的城市，你的身份（跨界艺术家／中国人／同志）是不是还挺受欢迎的？ Ming：被贴标签是难免的事，不过我觉得柏林人好像只是用标签来区别族群而已，我其实不太擅长社交，所以不太能说是否受欢迎，可能柏林人都已经见怪不怪了吧。但是在柏林，确实能遇到很多单纯因为兴趣和创作而走到一起合作的人，比如我之前通过画廊而认识的音乐制作人，后来一起录歌拍MV，也都是几乎和小时候幼儿园的小朋友一起做游戏一样，轻松简单。

M：你离开中国的时候这里的同志人士面临怎样的一种压力？据我观察他们还是会结成自己的社交圈子，不过在柏林大概没有所谓的"多数"和"少数"，是不是也就不会有这种特别的"老乡会"了？ Ming：人都是从一个圈子跳入另一个圈子，我其实一直都不太会社交，要么掏心窝子，要么完全疏离，始终在学习如何控制在节制范围内。所以我可能比较边缘吧，跟哪个圈子都不会太深入。

M：听说有的人也认为柏林太喧嚣想离开，看来这里也不是适合所有人，所以一个普通得不能再普通的人在柏林能交到朋友吗？在你的观察中柏林的"普通人"的生活是什么样的？ Ming：柏林的喧嚣跟国内大城市比起来还是差很多的，几乎可以算是乡镇级别，而且柏林分很多区，每个区都有自己的风格和居民，有游客集中的市中心区，有外国人和艺术青年聚居的多元文化区，有中产阶级居住区，有保守的西德传统富人别墅区，其实各种人都能找到适合的位置和圈子。毕竟在哪个社会，"普通人"都是主流，柏林人不过是比较来说，观念更加看得开，对另类人士更包容接受而已。

8

9

10

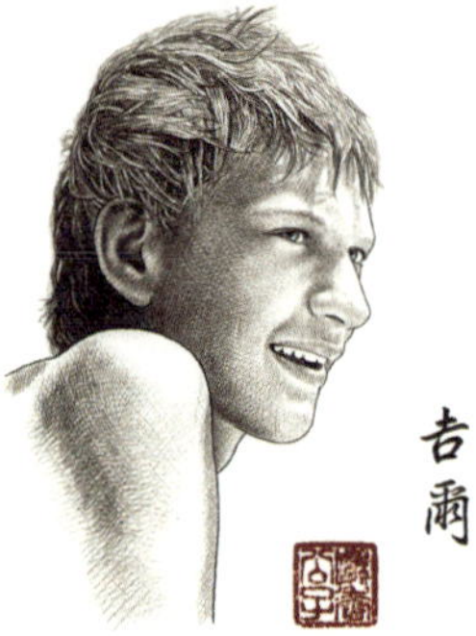

11

8. Vintage Dream
旧梦
30x40cm, 2011

M：当一座城市的主流是世界上的“非主流”时，它的流行文化会不会就变成了地下的东西，我想象在柏林也有一帮孩子悄悄传递着打榜音乐，他们倒成了地下，据你观察会有这样的现象吗？ Ming：在柏林，流行文化没有那么“非主流”啦，只是这边的各种文化都共存，同时有更多的选择而已。在柏林大街上可以看到各种风格的打扮，萝卜白菜都是个人喜好，而真正柏林自己的“地下”文化，要比其他城市的地下文化更重口味和无底线。

M：我发现 Musk Ming 在中文世界没有太多曝光，你是不是并不太在乎作品受众究竟来自于哪儿？但另外一方面你的“柏林日月”又是用汉德双语做的，你的听众中的汉语这部分受众，他们都是些什么人？ Ming：我多年前开始，就不再在国内宣传自己的艺术作品了，我当然很在乎来自国内的受众，但是实在是无能为力。前两年的“柏林日月”是因为自从开始唱歌录歌以后，接触了更多德语流行音乐，

12

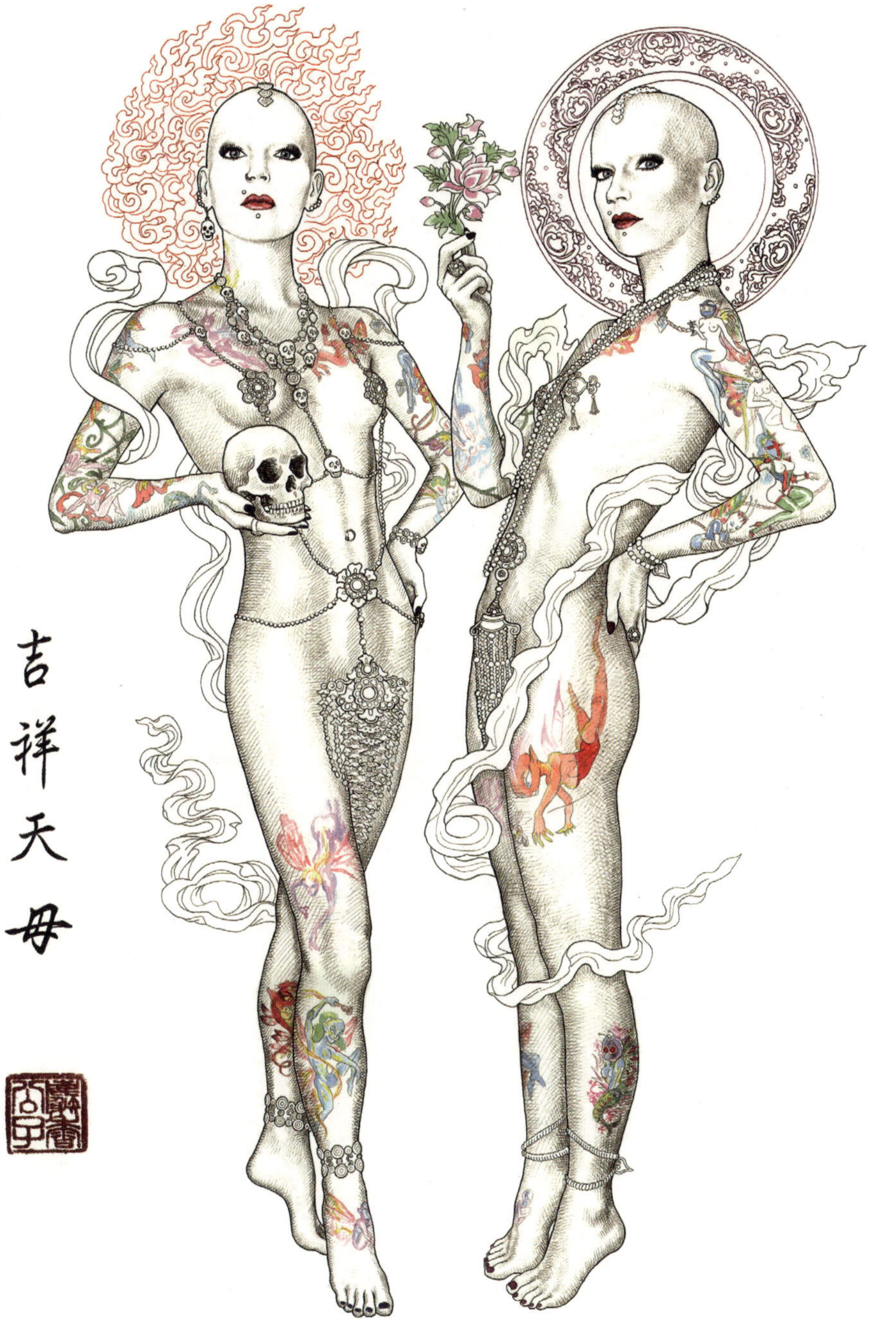

9. Pierre
皮尔
30x40cm, 2012

10. Gilles
吉尔
30x40cm, 2012

11. The Little Prince
韶艾
30x40cm, 2012

12. Palden Lhamo
吉祥天母
55x75cm, 2014

很想跟国内朋友分享，刚好柏林这边做媒体的朋友开了个网络广播，请我去做节目，于是就做了一年汉德双语的直播广播节目，其实当时的听众反而都是德国人。但后来因为别的事情太多，时间不够，就没再继续做下去。

M：你和在柏林的其他中国人接触得多吗？他们的状态怎么样？你觉得这座城市有没有改变他们，有没有改变你？ Ming：我因为比较边缘，所以和柏林当地的中国人接触也不多，只有之前开画廊时认识的几个朋友还保持着来往，通过他们大概见到一点儿中国人的圈子。我觉得中国人的圈子还是相对比较封闭吧，跟其他海外的中国人都差不多。这座城市，如果有改变我的话，可能就是让我更自由地做我自己了吧，但也因此可能让我和其他中国人距离更远。

M：你很喜欢画自己的身体，似乎它必须成为你作品中的元素之一，这是为什么？

Ming：这个问题很有趣，因为从我最初开画展起，就不断有观众问我是不是画的自己，我以为是因为欧洲人分不清亚洲人的长相，没想到你也这么觉得。我其实是有模特的，并不是总画自己，目前为止只画过两三张自画像而已。不过自从2013年起跟南非音乐制作人合作录歌起，开始需要更多公开面对观众，拍了很多照片和MV，有两部还连续入围了柏林的音乐录影带奖，我在与音乐相关的项目中才会更多以自己为中心。M

CHENYUTONG PASSION IS ALL MY BERLIN LIFE HAS GOT

陈雨瞳 我在柏林的生活是滚烫的

撰文 / 采访 _ krejerk

我和同事决定从博物馆岛横穿柏林，去见 AV 大久保的上一任鼓手陈雨瞳。上大学的时候她被乐队发掘，在加入乐队前她曾与乐队的“叔叔”们定好两年之约，到点儿她离队继续到海外学鼓，大家给她办一个欢送派对演出。如今，陈雨瞳已经在柏林生活一年有余。

两个小时前，雨瞳发微信问在哪见面以及吃什么，在吃腻了柏林咖喱和土耳其肉夹馍之后，有汤有水的一餐是眼下我们最需要的。“我知道一家在东边的米粉店，还不错，”她说，“就是有点儿远，不过来感受一下东边的土味吧。”

惨遭罚款之后我们心惊胆战，拿着不知道是否合格的票，趁着刚刚降临的夜色坐上往东去的有轨电车。抵达目的地时天已经完全暗下来，我拍了张照发微信说这不是北京物资学院吗，住在物资学院的朋友说，真像啊。

雨瞳告诉我们，今天这一块是越南人聚集区。“住这儿的越南人可有钱了，盖大房子，把牌子都穿身上。”

装修颇有 80 年代风采的越南馆子，一张年轻的亚洲面孔递上越南文的菜单，我们一头雾水，她又换上德语菜单。除了不断补充进来的移民人口之外，出生本地的二代越南裔也在逐渐扩张这块地区的面积，他们也可能是除了苏丹裔和高龄人群之外柏林英语普及程度最低的一群人——哪怕开放的柏林也在出现逐渐封闭的社区，看起来没有哪座城市就是天然的乌托邦。

一年前陈雨瞳来到柏林时住在这附近也就相当于在二环外的地方，见面之前我曾经在微信上问她，我说我在想柏林到底有没有他们说的那么神。“我给你举个例子，比如我看劳伦斯·布洛克写马修·斯卡德时聊到纽约，我会感觉这个城市的每个街区不管是午夜还是正午都会有一场秘密的戒酒会在进行，这是这个城市剖面里有意思的东西，可能需要无数代移民更迭才能实现。”她说柏林完全是反过来，把杂糅的一面暴露在外，但内核是各自井然有序地坚守。

“那些柏林由于历史所遗留下来的建筑，乍一看不浪漫但是会打动人，在我去完了巴黎、布拉格佛罗伦萨和布达佩斯之后，我觉得柏林确实很土，你很难用美去形容它。但是二战结束之后新潮的艺术和理念柏林都全盘接收，城市里到处都是又古怪又酷的建筑。之前我看到过一句话描述柏林：什么都不太在乎，什么都能包容。可能正是因为柏林给我的感觉是不羁的，所以更有想要来发现它更多有趣的地方和想法，大到无数的音乐节、灯光节、展览和爵士古典音乐会，小到跳蚤市场、在公园里聚会喝酒BBQ，甚至是地铁站里每天都会出现卖越南烟的小伙子，都会让我感觉到我的生活是滚烫的。

“我在这边待一年，中间去了四五个城市，汉堡是临海城市，真的很舒服，不论城市规划还是生活节奏。慕尼黑就是一座特别德国的城市，保留的德国建筑非常完整，听朋友说政府曾经想要整改，老一辈的人都投票不让改。柏林就是融合，听慕尼黑的朋友说，柏林人和慕尼黑人互相觉得对方土。而且还都觉得中国人特别有钱，商场里那些导购，甚至包括我们专业老师都问我，你们是不是有时候瞧不起我们德国人，我说怎么会，他说因为我们穿得土。”

摩登天空（以下简称 M）：还记得你下飞机那天吗？什么季节，时间是几点？第一印象是什么？ 陈雨瞳（以下简称 C）：是在三月底，大概是下午四五点的时候，机场很小，然后一路开过去就感觉挺土的哈哈。

M：倒完时差之后，关于柏林你最先不适应的是什么？ C：街上找厕所一般都要找半天。

M：之前你一直生活在武汉对吧，你觉得柏林和中国城市有相似的地方吗？ C：相似的大概就是也有明显的贫富差距吧，印象比较深的还有一些老年人，腿脚已经很不利索了，也会依靠着仪器去去小公园，逛逛超市，搭乘公共交通工具。

M：现在你在柏林一天的生活是如何安排的？ C：上课、练鼓、跑步、做健身，平时回去看看展览，周末会去逛街、去集市，然后去酒吧。

M: 去那边以后看演出多吗？你觉得他们本地圈子的氛围和国内有什么区别，年轻乐队的状态怎么样？ C: 过来之后看过大大小小的演出，我觉得区别不算太大，大家都是爱音乐的，不会说你不懂，你乐器玩得不好你就低人一等，我感觉这边 10 个人里面有 8 个人都会多多少少玩一点儿乐器，年轻乐队状态我觉得还挺好的，也不会穷得太厉害，好的就去俱乐部演出，还有的也会当街头艺人。

M：柏林似乎已经被科技舞曲标签统治了，你觉得其他流派在这座城市的发展怎么样？ C: 爵士氛围挺好的，我觉得不光是在柏林，整个德国的人都被爵士影响得很深，然后年轻人里，嘻哈、灵魂音乐、放克等等也很受欢迎。

M：来柏林马上一年了，你有没有产生过“这个城市就这样，我了解了”的想法，又或者每时每刻都在发现新鲜感，发现它不同的一面，如果是前者的话，你会怎么样去描述柏林。 C：还真的没有这种想法诶，柏林还挺有意思的，反正我来一年了并没有觉得已经了解它了。总的来说，柏林给我的冲击就在于它既严肃又年轻自由，暂时没有发现它不好，可能这也算神奇的一面吧。

M：请描述你在柏林认识的最有意思的一个人。 C: 我们德语老师（一个性格古怪极其任性、极其幼稚且喜欢买醉的女人）。

M：请描述你觉得最“柏林”的一个地点或场景。 C: 大概是流浪汉和他们的流浪狗吧，流浪汉即使自己穿不暖吃不饱，也不会苦了狗狗们。

M：从手机里挑一张照片给我们吧，能代表柏林的一瞬间。 C: 那我不能给你！M

NO HUMAN IS ILLEGAL
NO GUARDES SILENCIO!

左图
KREUZBERG
KÖPENICKER STRASSE 137
BERLIN
克罗伊茨贝格
科普尼克街 137 号
柏林

右图
MAUERPARK
BERLIN
柏林墙公园表演
柏林

BERLINER'S BERLIN
柏林人的柏林

撰文 / 采访 _krejerk

3 月 22 日柏林时间早上 11 点，我和同事从哈雷门站出发，沿着克罗伊茨贝格在兰德维尔运河畔那些每扇铁门都满是涂鸦和传单的小灰房子一路往东。柏林 3 月的天气阴晴不定，昨天还是太阳和晴天，到这天早上突然下起雨夹雪。

我们的目的地是柏林独立音乐品牌“城市俚语”（City Slang），如果你 10 年前在打口盘里买到过《燃烧嘴唇》（Flaming Lips）或者《相册页》（The Album Leaf）的欧版唱片，你会对“城市俚语”（City Slang）的标志有些印象。

在音乐上，西德一直紧跟美国，所以在柏林墙倒塌之后，一直混西柏林的巡演经纪人克里斯托弗（Christof）决定搞一发“西气东输”，把更多北美乐队输送到德国，这是这个品牌最初建立的目的。

尽管有“摩登天空”作为音乐品牌的身份，但关于“城市俚语”我们可参考的东西其实并没有太多，它的出现有非常重的历史因素，不仅因为柏林墙的突然倒塌制造了巨大的文化消费需求，更重要的原因在于，那是在互联网疯狂普及之前。现在，我们的饥渴感早就被以为自己能够轻易获取资源的自信取代，这种简单搬运的“倒爷生意”没那么好做了——当然，对于所有人来说，这都是一个挑战，从这方面来讲，获取一些他们的先进经验似乎也不错。

提前 20 分钟，我和同事到达目的地，爬上四层的环形楼梯，然后敲门，但是应门的女士并不知道采访的事情，眼神警惕地关上了门。

这就尴尬了。

KREUZBERG
KÖPENICKER STRASSE 137
BERLIN
克罗伊茨贝格
科普尼克街 137 号
柏林

重新沟通之后这位女士终于让我们进入，她解释说这场采访或许只有克里斯托弗先生知道，但今天他刚好生病了，应该不会出现了。“你们能在柏林待多久？一周？可他明天就要去日本了……”

除了不在场的克里斯托弗，目力所及在场的都是年轻人，所以在明知不会有什么柏林墙倒塌前后贩卖唱片故事的情况下强行采访其他人，似乎意义不大，我们决定留下邮箱和电话后离开。

不过没见到受访对象并不是 3 月 22 日这天我们在柏林碰到的唯一一件倒霉事儿。

柏林的地铁是这座城市别样的风景，除了“闹着玩”的配色之外，它的运行逻辑也非常让人玩味。没有安检和闸机，购票全靠自觉，以查票员随机查票的方式降低人力成本，用高昂的罚款补贴没有闸机带来的购票损耗。

是什么把我的思路从没有见到受访对象的低落转移到地铁运营的规律上来呢？因为我自己被罚了 60 欧——还不是因为没买票，只是没打票而已。

所以当查票员终于将我放行，紧随而来的 3 个年轻人又把我和同事拦住之时，我脑子里想的是今天的戏剧性冲突还没有结束吗？

“能采访一下两位吗，我们的一个课程，想要搜集一些关于你们对克罗伊茨贝格的看法。”高个男孩问。简短聊天之后我说，我也要采访一下你们。

其中两个女孩分别叫弗兰奇（Franzi）和多卡尔（Dolkar），今年 1 月刚到柏林；男孩叫本（Ben），是柏林本地人。

这是我们来到柏林发生过交谈的人里头唯一一个柏林本地人。事实上，我有很多问题要问他，可能比要问“城市俚语”的还要多。

Ben Falkenberg
本 · 福肯伯格

摩登天空（以下简称 M）：你出生的时候你们家住在柏林的哪块？你还记得小时候这座城市是什么样的吗？建筑、行人和街道上的商店，和现在相比区别大不大？ 本 · 福肯伯格（以下简称 B）：我出生的地方其实不太算柏林，是在它旁边市郊的一个地方，不过那时城市本身也不大（所以你要看我小时候的照片其实大部分都是在村子里拍的），我知道柏林就在那儿，但不太当回事。等我差不多十几岁的时候在咱们碰见那一块，也就是克罗伊茨贝格和弗雷德里希斯海因发生了巨大的变化，以前这里比现在更脏、也更自由，并且几乎是无政府状态。我记得那时候城市里有那种非洲市场，非裔搭起棚子推着小车来卖吃的什么的，比如在 Curvy Brache（库无力街，这地方就在克罗伊茨贝格）就有很多空房子剩下来，尽管这些房子也都毁得差不多了，不过随便住一住总比待在大街上强，这些地方今天都不存在了（那张你能看到天际线的照片就是在其中一个屋顶上拍的）。

M：你说现在你周围的柏林本地人越来越少了，连你们大学你认识的都只有两个，所以你小时候那些玩伴都去哪了，如今你的这帮朋友又都是从哪来的？ B：其实我小时候的朋友们也都还在柏林，几乎都在，其中绝大部分人也没想过要离开柏林去另一个城市生活。不过我也有很多从西班牙、法国和英国移居到此的朋友。

M: 你更喜欢今天的柏林还是以前的柏林？ B: 我做梦都想回到 20 世纪 90 年代的柏林去生活，那时候这里有最疯狂的夜店和最棒的音乐节，这些年柏林盖了太多的高级公寓，更高规格的用地需求迫使那些地方都关门了，这太令人失望了。我觉得那个年代的柏林要更自由，更有创造力。我感觉“士绅化”唯一的好处可能就是让这座城市看上去对游客更友好，因为 90 年代的柏林真的太脏了，所以我们甚至发明了那个标语去迎合你们：“贫穷，但性感！”

HACKESCHE HÖFE
MITTE
BERLIN
哈克庭院
米特区
柏林

BERLI BERLI

M: 这座城市这两年变了很多，越来越多的移民，越来越多的游客，越来越吵，你喜欢它这样吗？ B: 我希望柏林越来越热闹，因为你知道 20 世纪柏林曾经是世界上最大也最漂亮的城市，我很开心看到今天的柏林又一次稍微抓住了那么点儿那时候的神韵。今天的柏林正在变得越来越多样性和有复杂的文化叠加性，不过“柏林热”也确实在让这座城市失去它独特的一面，变得越来越像世界上的其他大城市了。

M: 我听朋友聊她在柏林的生活时提到过一个捕鼠人，她特别标记了这个人来自东德，所以我很好奇，到今天“东德人”或者“东柏林人”这样的身份标签是否还是一个人们会关注到的东西。 B: 你还别说，确实，我们也常常用东西德差异开玩笑，不过真的只是开玩笑而已。

M: 在你看来整个欧洲或者说全世界有没有哪座城市和柏林相似程度高的，对我来说其实柏林某种程度挺像北京的，它们都是一座历史悠久但存在文化断裂的城市，所以事实上它们都是“新城市”。 B: 对我来说柏林要远比世界上其他城市自由，你看看我们有废弃的房子，我们有朋克，有大音量的音乐，有那些不太能公开提及的东西和新一代的年轻人。现在很多柏林人都搬到布宜诺斯艾利斯去了，因为今天的柏林越来越中产化，却也没有变得更欧洲，可我们熟悉的柏林应该更像南美，所以在欧洲我们可能找不到什么相似的地方。

M: 柏林正在成为一座明星城市，事实上中国这几年正在兴起一次“柏林热”，年轻人都想来柏林看看，你怎么看？ B: 这事儿太疯狂了，我很难想象中国人居然会对柏林的事情产生兴趣，我还以为所有人都想去伦敦或者巴黎什么的，去那些看上去更能代表典型欧洲的地方，对我来说柏林实在太不典型了，不过你这么说我感到很自豪。

M: 你觉得未来有一天你会离开这座城市吗？如果会的话，你觉得会因为什么原因？ B: 也许有一天我会离开，因为我很想在珠宝设计行业做点儿什么，要说干这个，柏林可就太不合适了。

M: 你觉得全柏林最有意思的一个人是谁？ B: 我觉得柏林最有意思的人是我的好朋友，她的性格是那种典型的柏林人，拥有柏林人的态度，活出了别克海俱乐部的风格，态度开放、无拘无束，但她其实是泰国人。

M: 你觉得最能代表柏林的一个地方是哪？ B: 我最喜欢的地方是马克思大道。它拥有巨大的空间感，古老而现代的建筑，一切都很美。尽管对大部分人来说柏林都更像一个东欧城市，但对我来说这就是最能代表柏林的地方。

ER'S

M: 你手机里哪张照片最能代表柏林？ B: 我确实有一张能够代表柏林的照片，但是我不能给你看，事实上我不能给任何人看，哈哈。

Franzi
弗兰奇

M: 你小时候在哪长大，那时候你觉得柏林是个什么样的城市？ 弗兰奇（以下简称 F）：我在多特蒙德附近的一个小村子长大，我们附近有很多农场，但对童年的我来说，大城市一直是一个美妙的向往，尤其在我小时候，柏林就已经代表着自由和自我，一直是我最想生活的地方。

M：你刚刚开始在柏林的生活，现在感觉怎么样？来之前肯定也和我们一样有对这里的想象，感觉是一样的吗？ F：过去的 6 周，一切都和想象中一样完美，无数的可能性在我面前打开，哪怕坐在一个咖啡馆里看着来来去去的人群都能让我看一整天。

M：你觉得柏林和你长大的地方最大的区别是什么？ F：我想最大的区别肯定就是我生活的地方人口只有 300 万，而这里是德国的首都，当然真正展现在我面前的区别在于人们的精神状态。你走在大街上并不用刻意对人保持友好，也不用在乎别人怎么看你，而且这座城市真的已经大到不管你在白天还是黑夜，任何时间你想做任何事，你都可以找到去做它的地方。

M：你碰到的生活在这里的人们，你觉得他们有归属感吗？你呢？ F：不是所有人都能在柏林找到归属感。首先你得承认这里有丑恶的一面，只有在你接受了这一点之后，你才有可能找到属于自己的位置。

M：说说这座城市让你最欣赏和最痛恨的地方吧。 F：我最喜欢夏天的柏林，真遗憾你们来的时机不对，那是一个同时充斥着美和丑的时间，对人非常有启发，但在我真正搬过来之后却是一连串的寒冬，这是我最痛恨的事情——柏林的冬天。还有就是每个目的地之间都间隔特别远。

M：如果有朋友想要搬到柏林来，你会对他 / 她说些什么？ F：得看是谁，并不是每个人生来都会爱上这里。

KUNSTHAUS TACHELES
ORANIENBURGER STR
MITTE
塔赫勒斯艺术馆
奥拉宁堡大街
米特区

BERLINER WHO LEFT BERLIN

离开柏林的柏林人

撰文 / 采访 _ krejerk

PHOTO BY BEN DE BIEL
BERLIN
摄影 _ 本 · 德 · 比尔
柏林
1991

“记者，联合国志愿者，圣安德鲁斯大学毕业，雨的爱好者，观点仅代表个人。”这是约瑟芬 · 奥博锐（Josefine Ulbrich）推特上的个人介绍，但对于我们来说她有一个更特别的身份：她出生在东柏林，目前已经离开德国在乌干达生活。她并不是个艺术家，也不是音乐人，但她的特殊身份让人好奇，作为一个出生在柏林，最终又离开柏林的柏林人，她会怎么看柏林。

摩登天空（以下简称 M）：和朋友聊起出生在东柏林的朋友时她提到你，她说你现在已经离开柏林了，我说：“啊？还有比柏林更好的地方吗？”她说：“是啊，你去乌干达了。”然后，我想好吧，你确实比留在柏林的人更厉害，所以你为什么要离开柏林呢？ 约瑟芬 · 奥博锐（以下简称 J）：老实说，这个世界上没有一个地方比柏林更能触动我的心弦。几年前我离开这里是因为想要探索这个地球上更多的地方，体验别样的文化，观察不同大陆上的人们在怎样生活。不过我并没有完全离开柏林，假期和特别的日子我总会回到这里，柏林也总是能以最适合的姿态迎接我。它确实不是我所见过的世界上最漂亮或者对游客最友好的城市（上帝才知道柏林人是一群多么没劲的人），但它的空气中就是飘浮着自由喧闹又绝不大惊小怪的基因，这些特性和我的家人朋友一起构成了柏林在我心目当中不可替代的理由。

M：说说你觉得柏林不好的 3 个地方吧。 J：柏林会很冷漠，尤其当你刚开始在柏林生活时。我觉得这儿的人其实没那么容易放得开、容得下，所以对于新来的人你需要花些时间找到你自己的群体，找到你自己的位置。柏林也会很粗暴，这一点我有时候很喜欢，但有些本身就很让人不爽。周一早上，你再碰到个臭脸巴士驾驶员可就太雪上加霜了，我的建议是用“温柔干掉他们”，如果你一直保持礼貌和友好，再粗暴的柏林人也会软下来。最后一点就是 FOMO（fear of missing out，“害怕错过”指担心自己缺席时其他人会获得有益体验的一种普遍的忧虑情绪），柏林也经常让人体会到这种焦虑，因为时时刻刻都有各种各样有意思的事情发生，你总会害怕你错过这个那个。但柏林有一点好，就是“不讲究”，老实说这是这座城市最好的地方。

1

1. Pariser Platz
BERLIN
巴黎广场
柏林

2. Hafenstraße
BERLIN
港湾路
柏林

2

M：每个人都在谈论这座城市的另类和亚文化的一面，这让我越发好奇柏林主流的一面到底是什么样的，流行音乐在这里是什么样，中产生活又是什么样？

J：因为高昂的房租和社区氛围的变化，很多柏林的普通家庭都选择搬离米特区或者克罗伊茨贝格，所以我感觉柏林确实没有一个特别繁荣的主流文化圈。不过作为一个现代国家的首都，这里照样还有各种各样的购物区，你也能看到贾斯汀·比伯和单向组合（One Direction）的演出，不过主流和非主流在这座城市确实不会出现太多碰撞的机会，每个人都只用活在自己的小圈子里就行。

M：柏林墙的倒掉以及随之而来的剧烈变化是否影响了你的人生？你是否经历过一个“去体制化”的时期？ J：很难讲，因为我其实并不太记得民主德国时期我们家庭的生活状态了，那时候我太小。但我认为后柏林墙时代确实为这座城市带来了充满机遇的一个空白时期，不管是来自东德还是西德，似乎只要到了柏林谁都可以“重新做人”了。我不太清楚什么叫“去体制化”，不过我其实从小受到的都是放养式教育，可以轻易地释放出活力和动力，我母亲从未试图把我改变成她希望的样子，受到她的影响我也成为一个女权主义者，我猜他们那代人或许才真正从“去体制化”中学到了些什么。

M：今天我们还能看到柏林墙留下的影响吗？ J：毫无疑问，今天你还是能从这座城市的不同部分体会到不同的感受，但不我确定它是不是就是“这就是西边而那就是东边”或者“我是今天的东柏林人或者我是今天的西柏林人”那样的感觉。我刚好常常待在东柏林，因为我觉得这边比米特区要有活力一些，但我又很喜欢蒂尔加滕（勃兰登堡门以西），我觉得那是柏林最美的一片绿地，而它就在西边。

M：20 世纪 90 年代的柏林和今天的有什么区别吗？那时候西柏林人怎么看东柏林人，今天呢？ J：我并不觉得今天的东柏林或者西柏林人拥有一种身份认同，把自己和他人区别开来。我的朋友们来自德国全境，全球越来越多的人也在试图搬到柏林去生活。但我清楚地记得 90 年代中期我上小学时，谁出生在西德谁出生在东德大家都分得很清楚，尽管对于孩子来说他们可能并不一定知道这到底意味着什么，但那时候我们就知道它多少代表着身份的不同，我想这仍然可以算作是“墙”所留下来的阴影了。

M：你觉得有没有一个时间点，在那个时间东柏林和西柏林的差别完全消除掉，整个城市又重新变成一个整体了？ J：我真的觉得这个时间就是现在，人们开始越来越在乎他们生活的地段和街区，而不只是东边还是西边了。

M：今天的年轻人好像都认为现在的东边比西边更酷，然后地价更便宜，好玩的地方也更多，你觉得呢？（我们自己猜测是因为柏林墙一夜之间消失，东边的人全到西边寻找自由，留下的真空环境一下子吸引到了年轻人、艺术家和爱冒险的人，然后这个格局保留至今。） J：我觉得你说得对，但因为我也是东边出来的，所以我可能没那么客观。我觉得西边或者市中心其实是被一些适合游客的景点拖累了自己的个性释放，才导致那些地区显得有点儿过于普通了，你看比米特区或者波兹坦广场或者弗雷德里希大街的建筑就知道。东边向来都是先靠低租金吸引年轻的更有创造力的人群，比如学生、移民、艺术家或者活动家，这大概和全世界所有城市都一样。

POP UP STORE STARTING FROM BE SWEEPING THE WOR

快闪店 从柏林开始席卷世界

撰文 _ 阿莫　　**编辑** _ 幺蛾

在柏林新克尔恩区（Neukölln），乡土博物馆后面一条不起眼的小路上，破产的银行如今挂满了刚在时装周展览过的最新服饰，开张 30 个小时前，新克尔恩区“时尚和剪裁组织网络”（Netzwerk Mode & Nähen Neukölln）宣布这里被改造成了独立设计品牌的临时贩售点。营业时间只有两个星期，之后，长袖衬衫、破洞牛仔裤、奇形怪状的太阳眼镜都会消失，货架又将恢复成废弃破败的银行业务柜台。

进行这种转瞬即逝销售方式的店铺被叫作游击店或者快闪店，由 POP-UP Store 翻译而成。它的流行似乎印证了现代潮流的激流勇进，以及绝不故步自封的态度。

临时感、隐秘感和随时随地的移动代表了速食时代带来的安全感。历史浪潮中，寻找有自己独特印记的生活方式，销售和购买这一看似乏味的生活常态得以变得不确定、生动而有趣味。

IN AND
D

'THE LIFE OF PABLO' POP UP SHOP
KANYE WEST
"柏布罗的生活"快闪店
坎耶·韦斯特

尽管在之前，快速销售的方式在广告业中或多或少有一些活动性尝试，但真正将“游击”概念建立起来并发扬光大的店铺正是出自柏林。2004 年，川久保玲整修了柏林城区的一家面积 700 平方英尺的旧书店，仅花了 2 500 美元，只营业一年。时装店的广告只是全城发放的 600 份海报，以及人们之间的口耳相传。这个创举给品牌赋予了新的含义：注重商品而不是传统百货式的奢华装潢，漠视常规，将平民地点与奢侈品牌形成强烈的对比和结合，符合时尚朝生暮死的流行风格……柏林店最终大获成功。

由此开始，游击店从柏林走向全世界，成为品牌热衷尝试的新型销售方式，就连爱马仕、YSL 等高贵冷艳的大牌也纷纷“试水”。2016 年，美国嘻哈老将坎耶·韦斯特（Kanye West）的服装也选择了全球游击店发布的形式，其中有一家开在柏林。为了塑造足够的隐秘感和门槛，所有游击店的具体地点直到开业前 24 小时才在坎耶的个人官网公布。

但对于柏林这个在历史和文化层面上都经历了诸多变迁的城市来说，也许更有意义，更能代表独特城市气质的并不是那些遍布全球的流水线商品，而是具有柏林气息的独立设计品。每年两次的柏林时装周前后，都有大小错落、个性独特的店面涌现出来，藏匿于曲折巷弄、空置厂房、博物馆和旧公寓之中，等待有缘人来挑选一件独一无二的商品，打造独一无二的“柏林式生活”。

神秘的游击店常常行踪不定、难以预期，但无论何时，只要来到被巴黎《Vogue》形容为“概念店中的朝圣地”的柏林比基尼（Bikini Berlin）百货，一定能获取最新潮的柏林生活——就在此时此刻，游击店会随机和你相逢。

POP-UP STORE IN BERLIN
Berlin Partner agency
柏林快闪店
柏林伙伴机构

BIKINI BERLIN
柏林比奇泥概念百货商店
全球首个以概念店为招商主体并且实践至今的百货商场

3

KUBIK
快闪俱乐部库比克
俱乐部用点亮的塑料立方体组成墙壁、走廊和吧台，形成一种开放式结构

柏林比基尼百货所在的建筑最早是柏林的设计胜地，建于 1955 年至 1957 年间，紧邻多个地标，如凯萨威廉纪念教堂、柏林动物园等等。20 世纪 60 年代末时，楼里已有超过 60 家时装设计公司。经历了柏林围墙倒塌、国家政治制度改变后的这幢历史建筑如今被翻修和装潢，于 2014 年 4 月重新开幕，成为今日的柏林比基尼概念百货。

2012 年 10 月，在翻修的同时，建筑工地前放置的两个巨型海运集装箱中，临时概念商店开张，轮流出售不同设计师的时装作品。游击店购物的概念和先锋气质甚至延续到了开业后：一楼大厅建起了一格格木制的“游击箱”（Pop-Up Box），用来短期租给新锐设计师，展现服装、配饰、家居用品甚至科技产品等等独特精巧的新时尚。

除了时尚品牌之外，“游击”的生活方式也侵入了其他领域。一间流动的夜店也许是秘密短暂快乐生活的最佳代表。白天，荒无人烟的废旧工厂旁边，一堆废弃的工业水箱看似杂乱地堆积着，彰显出工业废墟的末日景象。然而一到夜晚，水箱开始发亮，耀眼的灯光照亮了四周的旷野，强烈的鼓点和酒精气味淹没整片区域…… 欧洲最前卫的“游击”夜店就在这里开张。

库比克（Kubik）是一个大型露天流动夜店项目，从 2007 年的夏天开始，在柏林、巴塞罗那和米兰经营。富有创造性的冲刺柏林（Balestra Berlin）和模块节拍（Modular Beat）工作室将百余个废弃的水箱堆建在一起变成了巨大的灯箱，并由灯光师根据环境选择不同的明暗和效果。Kubik 的地点不定，只有在开业前不久点击官网，才能看到夜店的地址，赶来参加狂欢派对。绿色荧光映照着每个人的脸庞，在全欧洲最短暂的夜店里进行着短暂关系的人们可以心照不宣地拿起一杯马提尼，做一次最真实的自己。

“变迁不是一个指定好的方案，而是行事的原则”（Wandel ist kein Programm, sondern ein Prinzip），人们时刻拥抱着改变和流动的文化与生活，“游击”的风情无处不在。歌德学院在柏林为德国 - 叙利亚文化交流举办名为“流亡的大马士革”的临时展会，精妙绝伦的叙利亚文化变成了难民们回馈德国的最美礼物；与此同时，游击店组织“突击柏林”（Pop into Berlin）则将来自柏林的 20 余家创意工坊的作品带往欧洲四处，展示音乐、美食、科技……

匆匆流动的世界中，随时随地展现改变才是一种现在和永恒。如果你觉得柏林太远，你可以把视线拉回到眼前——摩登天空 20 周年的秘密派对上，一个名为 ZERO 的项目以令人头晕目眩的方式启动了……已经发生的事、正在发生的事以及将要发生的事这儿都有，请仔细观看，因为它们一闪即逝。

POP-KULTUR
大众文化音乐节
2017

BERLIN IS STILL BERLIN BUT...

柏林还是柏林 但是……

采访_weiz / krejerk **撰文**_weiz **摄影**_weiz

柏林音乐牌坐落在一块小墓地旁一个类似四合院结构的老建筑里，他们的邻居包括音乐公司和画廊。你可能很难想象，在这个听着像广播电台排行榜的名字下面，其实是柏林最重要的政府下属音乐机构。但我想告诉你，这就是柏林。

摩登天空（以下简称 M）：这还是我们第一次采访政府的音乐机构，据我所知柏林音乐公告牌是 2013 年由议会投票成立的？ 柏林音乐公告牌（Berlin Music Board，以下简称 B）：对，柏林音乐公告牌是柏林政府为了支持本地音乐和流行文化设置的，所以我们的特点是，不涉及古典、爵士等非流行音乐。我们目前的运转经费是每年 100 万欧元，大概其中的 40 万欧元会直接投入到对音乐项目的支持上。

柏林文化议员某种程度上是我们的上司，虽然我们是政府机构，但是不坐落在政府大楼里，我觉得这样一个地方更适合艺术家们来和我们交流。

M：柏林好像有很多音乐方面的委员会，比如俱乐部委员会、音乐委员会等等，你们会如何合作？ B：我们资助了柏林音乐委员会，他们很专注音乐的经济运作。还有俱乐部委员会，我们在俱乐部的事务上会和他们合作。这些组织都是为了应对问题成立的，比如俱乐部越来越多，开始面临越来越多的问题，比如和公共秩序的冲突。所以这些委员会担任的，是民众、音乐俱乐部界和政治家们的沟通角色。你可以说，柏林音乐公告牌就像一把伞，让下面的部门可以安全地运转。

M：你们也会举办艺术节？ B：对，去年我们办了一场音乐节叫夏至音乐节，之前一直是其他的主办方做的。我们还有一场本地特色的音乐节，叫流行文化（Pop-Kultur），我们这里的 6 个员工在做这场 1 万观众规模的艺术节。

M：这个音乐节的前身是柏林音乐周对吗？后来为什么不做音乐周了？ B：当时音乐公告牌成立的时候，一个任务就是接手柏林音乐周，但是我们觉得柏林音乐周太没意思，于是决定做点儿不一样的。后来就决定做流行文化节，收效还不错。但是一开始，很多人听说柏林音乐周没有了，就很愤怒，哈哈，不过后来还是喜欢流行文化节的人更多。

M：你们会给艺术家怎样的帮助？ B：我们一般只会支持那些真正遇到经济困难的艺术家、音乐人和艺术节举办者，我们在底特律、巴黎、马赛、伊朗和巴西等等地方都有一些驻留项目，柏林的艺术家可以去那边演出，或者创作。我们会给年轻乐队巡演经费，如果他们在柏林本地发展，我们还会资助专辑的录音和制作费用之类的，因为这些钱来自柏林的纳税人，它们也必须花在柏林人身上。我们也会协助俱乐部和演出主办方，帮助他们解决遇到的问题，因为柏林的变化非常快，空间的矛盾很大，所以我们其实很关注空间的问题。

M：对外国游客来说，柏林是以科技舞曲音乐闻名的，那么柏林本地的年轻人在玩什么其他的音乐呢？ B：流行音乐其实不像一般人认为的那么庸俗，你知道我的意思。对我们来说，从重金属到嘻哈，再到电子音乐，都是流行乐。我们真的没有偏袒某种音乐类型，对我们来说这都是流行文化的一部分。不过我也确实希望能让更多人知道，柏林不只有科技舞曲，光是电子音乐的广度就足够探索了，当然电子音乐也是我们支持的一部分。

M：柏林的年轻人在听什么？昨晚我们去了一个本地的桌球吧，一帮小孩在听英语流行乐，这让我们印象挺深刻的，我们以为这个年纪的柏林小孩会听电子音乐。 B：年轻人其实什么都听，我觉得这点可能全世界都差不多。我去过中国，年轻人也听爵士乐和摇滚乐。

M：柏林应该也是一个有很多外国音乐人的城市吧？你觉得柏林有代表性的音乐吗？ B：对，我们支持的人里 70% 不是德国籍，有澳大利亚的，也有亚洲的，柏林就承担了一个熔炉的角色。我真的不知道柏林是不是有一种音乐可以作为代表，我们真的有太多的俱乐部了，可能比世界上任何一个城市都多，也有无数个不同的乐队……

M：在柏林墙倒塌之前和之后，柏林的音乐也发生了很大的变化，之前是朋克，之后科技舞曲开始风靡，现在我们很少能在这里听到朋克之类的音乐了。你觉得这其中的原因是什么？ B：我其实也是在柏林墙倒塌后来的柏林，当时到处都有空房子，年轻人以音乐为最直接的表达方式，科技舞曲就是这么一种代表，你不需要写和说任何语言。所以这样的情况下，电子音乐派对和俱乐部就开始兴起了。对当时的柏林人而言，自由就是大家聚集起来跳舞。

有人告诉我，柏林墙倒塌后，西柏林曾经的朋克和摇滚乐几乎塌掉了……谁知道，也许别克海俱乐部过几年也会倒闭，可能过些年年轻人也不喜欢科技舞曲了……

M：这种转变是不是代表了年轻人已经不想再关心政治了，或者想把音乐和社会问题分开了？ B：可能吧，柏林一直不是一个漂亮的城市，甚至差不多是丑的，而音乐可能是反映了这种现实。很多人告诉我，只有在柏林，他们可以奇装异服地在大街上走而不会被侧目，柏林的粗犷和开放是无以伦比的。

M：柏林的音乐工业运转得怎么样？大家会不会更喜欢去俱乐部而不是买唱片之类的？这意味着，消费者相对于创作者来说，其实不太多？ B：对，有的时候人们会觉得在柏林演出很容易，但是挣钱很难。在柏林，你有的是机会，但是因为有太多的品牌和公司在做同样的事，所以到最后还是挺难的。

M：我听说，柏林目前的房租也在越来越贵，画廊和俱乐部都在面临危机。 B：这是真的，很多人来柏林买房子，把物价推高了。20 世纪 90 年代初期有些人来置地，之后又高价转手，现在真的很难找到足够的空间了。

我们这间办公室也是私人的，但是房东表示他想要把这里租给文化机构，他甚至自己也在资助这些，在柏林很难找到这样的人和这样的地方了。

但是柏林人口还在扩大……

M：这是不是也和外来的人对柏林文化的一种过度追捧或者误解有关？ B：对，这确实是个问题。很多人从别的地方来，因为喜欢这里的文化生活什么的，就留下了。这当然是一件合理的事，这让柏林越来越柏林，但是空间问题也越来越突出。现在我们在市中心已经基本没有空地了，所以一些俱乐部在搬往郊区。柏林还是柏林，但是成为了一个去中心化的柏林。

M：政府对此有对策吗？ B：我们在努力，比如文化部门就在尝试把一些空间买回来，但是总会面临资金不足的问题。我们的经费远远比不上那些大公司，比如谷歌和亚马逊，那些 10 年前、20 年前买下的房产，价值翻了很多倍。我们总是在努力让大家都坐在一张圆桌上把这个问题好好谈谈，但是他们不愿意。对吧，这就是资本主义的运作方式。

M：你觉得柏林的音乐人或者柏林的音乐界，未来将面临的最大挑战是什么？ B：我觉得是这个城市未来如何发展的问题，这个城市的音乐消费者、创作者、地产商、房东之间的关系如何协调，这确实很难。

资金的问题也很难平衡，我觉得柏林有时过于偏袒歌剧院了，谁来照顾越来越多的年轻的创作者？总之，资金背后，也是一个文化结构的问题。我们真的需要建立一个能让大家都发挥价值的方式。M

2. Grandbrothers
Pop-Kultur
大兄弟
大众文化音乐节

1. Little Simz
Pop-Kultur
小西蒙斯
大众文化音乐节

1

2

I'M SUPER HAPPY TO SEE OUR ART INFLUENCE TECHNOLOGY

我期待着艺术改变科学

采访 _Vlatka **撰文** _weiz **图片** _weiz / Byrke Lou

在一个黄昏，我们到了本次柏林之行最远的地方。下车后，我发现这里特别像北京亦庄，后来发现它确实是一个工业区。在这个居住密度远小于我们熟悉的柏林的地方，有一栋绿色的房子，世界各地来的 200 多位艺术家居住在这里创作，博科尔·卢（Byrke Lou）就是其中之一。

1

2

3. Sculptural Series
类雕塑
2018

摩登天空（以下简称 M）：你以前是学物理的？物理和艺术结合在一起特别酷。博科尔·卢（以下简称 B）：哈哈，我因为特别喜欢天体物理学而去学的物理，数学也经常让我着迷。比如说，你如何计算和预测未来？放到环境问题里，这种数学表达就显得更伟大了。不过我在学校的时候从来没想过要进什么科研机构，后来我出于对视觉艺术的喜欢而去学了数字媒体，这让我得以把我感兴趣的科学问题转换为艺术形式。我的梦想就是成为一个专注科学题材的艺术家。

M：能举个例子吗？B：我正在筹备一个展览，其中的作品之一开始于一个特别基础的科学问题——为什么一个物体看上去是那个样子的？我在实验室里度过了很长一段时间，研究银河的故事，和与之相连的文化形成。在同一时期，不同的人对银河有着不同的认识，后来我开始用不同的液体相互倾倒，做成了不同的结晶，这也是银河形成的过程。

M：在柏林，同类的艺术家多吗？B：不少，我们有一个专门的空间是为跨媒体艺术准备的，名字叫光谱（Spektrum），那里还有一个画廊和表演区域。

M：听说你还对 VR（虚拟现实）很感兴趣，从事 VR 舞蹈？
B：我在柏林教授 VR 和音乐表演，我在自己的项目里也会从事 VR 创作，其中也不是舞蹈。我很感兴趣的一点是身体的数字化过程，在虚拟现实中，如何表现身体？哪一部分需要数字化，如何传达某个特定的动作？
而作为舞者，我想知道舞蹈能给科学研究带来什么，它能和技术如何结合，比如和 VR 设备。因为舞蹈是最古老的艺术表达形式，而舞者最了解身体，了解自己的每一块肌肉，但是这部分知识可能是科学家欠缺的。所以二者的结合，能带来很多可能。

M：你觉得在未来，科技会完全改变艺术吗？B：没错，而且我对此无比期待。而且反过来，艺术也可能影响文化。

1&2. Byrkel Lou
博科尔·卢
2018

柏林哪哪都不像德国，只有一点“德国式”习惯被保留下来，那就是周日哪都休息不开门。这个规定自 1892 年 7 月 1 日开始在德国实施以来经历过两次世界大战和冷战，尽管废除讨论从未停息，但规定本身却一直未被终止——这就是个问题，到了星期天，我们没地方可去。柏林人也一样也没地方可去，所以只要天气好，一到周日他们就找个地方一躺躺一天。

柏林墙公园地理位置不错，有一大片类似运河公园的斜面草山坡，周日的这里像是一个没有乐队正在开演的音乐节。沿着山坡顺流而躺着的人群正下方是柏林最著名的跳蚤市场，刚刚下过雨的晴天把泥泞都藏在鞋面上和屁股底下，当然，在跳蚤市场里找到能买的东西比找到一块干燥的地面还要困难。

面对以上这番景象我的同事秀云又说了，柏林人的业余生活真是贫瘠得令人堪忧。我们和 Oum Shatt 乐队约的下午两点在公园门口见面，三个人，从三个不同的方向，在不同的时间，以不同的醉态到达：主创乔纳斯·波普（Jonas Poppe）推着一辆自行车，鼓手克里斯·伊穆勒（Chris Imler）脸上有伤，酒还没醒，吉他手菲利普·贝林格（Philipp Bellinger）神不知鬼不觉地出现以后在整个采访中一言不发。

揭开柏林生存血泪史之前，先义务了解一下乐队的大概情况。2012 年，独立音乐人乔纳斯·波普决定再找两个人组个乐队，玩一个旋律带有强烈阿拉伯指向性的独立摇滚。他们给乐队起名 Oum Shatt 有几重含义，第一个，这名字在阿拉伯语里是“沙特母亲”的意思，第二个，“oh shat”，自己体会去吧。

摩登天空（以下简称 M）：为什么会选择这样一种风格，据我所知这并不是你们基因里的本能而是突发奇想的选择对吧？

乔纳斯 · 波普（以下简称 J）：我很偶然先听到了希腊传统民歌，然后又听到 20 世纪 60 年代到 70 年代的土耳其音乐，当时这种音乐完全和我们熟悉的环境圈子是割裂和陌生的，但是我日复一日地听，到后来我自然而然就能演奏出这样类型的旋律，但另外一方面我们并不是想说通过他们的音乐去叙述他们的故事，它归根结底还是一种元素，用来表达我们自己想要抒发的声音。

克里斯 · 伊穆勒（以下简称 C）：每个人都在寻找新的元素去扩充自己创作的可能性，所以我们在组乐队之前就聊过这些，那时候我也对北非努比亚音乐很感兴趣。

J：所以除此之外我们其实什么音乐都听，科技舞曲也不错，为什么不呢，我还喜欢听一些嘻哈，听些电子。这也是为什么“沙特母亲”尽管是个乐队，但我们的音乐中也会有大量的电子音乐成分。

M：乔纳斯，你的唱腔非常低沉，所以这是故意的还是本来就这样？

J：我猜可能是因为我在卧室写歌的时候得小声唱不能打扰到邻居，久而久之就这样了，不过也有可能这就是我唱歌时候的声音，但是我感觉效果还挺不错的。后来录音的时候我也试图往高了唱，结果很难听。

M：现在柏林的音乐圈子是什么样的格局？

J：今天柏林的情况和 20 世纪 90 年代完全不一样，那时候东柏林玩音乐的每个人都相互认识，现在我们割裂成上百个圈子，很多人也从英国或者美国搬到这边来继续他们的音乐创作……

C：或者终结他们的音乐创作。

J：是的，有时候柏林就像黑洞一样，能把人的创造力都榨干。

M：所以你们都出生在柏林吗？

C：乔纳斯是柏林人，我出生在巴伐利亚，不过很多年前就搬到柏林来了。但事实上我们在柏林就未必受欢迎，很奇怪，我感觉我们在巴黎更受欢迎一些，可能有一个原因是那边的阿拉伯裔比我们这边要多。

M：你们会有很多社交网络去推广自己吗，你们的听众都是在什么渠道知道你们的？

J：我们的宣传还是不够，事实上通过巡演去挣钱和推广，然后再用这部分费用和资源去完成下一轮巡演是没问题的，这个循环是能够实现的，但假如说我们要在录音室里待一个月去做下一张专辑，那就得使一些花招了。

M：我们在采访柏林的其他艺术家的时候发现他们有很多政府经费可以支使，音乐方面呢？

J：经费确实有，不过能不能拿到就不一定了，因为经费就这么多，但申请的人可不少。我们还从来没去尝试过申请，但到下一张专辑录音的时候我们确实需要些钱了。

C：有一些乐队就特别擅长搞这种事情，他们每一次申请都能得到钱，我们几个可能还是太懒了，没有好好研究过这个，但我们又不是富二代。

M：你们会经常聚在一起排练吗？

J：我们从不排练，我们倒是偶尔聚，不过也都是喝酒。

M：在柏林职业搞是音乐什么感觉？

J：反正在柏林做音乐一直都是起起落落的，但我们暂时还没准备离开，目前都还挺有意思的。

C：在柏林其实挺艰难的，事实上在汉堡都会好很多，如果你在汉堡玩音乐玩好了，人们真的会很认同你。但是在柏林人们真的挺不在乎的，哪怕是大卫 · 鲍伊他们也只会说，哦大卫 · 鲍伊，他回来了哦，也就这样，然后他们就转过身去买咖啡。我不知道，凡事都有两面性，这样也挺好的。

Oum Shatt
柏林墙公园
2018.3.24

OUM SHATT DAWDLING TILL THE END OF THE WORLD

沙特母亲 混到未来

采访 _Vlatka　　**撰文** _krejerk

CTM 音乐节是一年一度在柏林举办的音乐和视觉艺术盛会。它创立于 1999 年，最初专注于电子音乐，后来则发展出了各种类型的音乐和视觉艺术形式。如今每一次音乐节会持续大概一周，以展示最新的艺术、音乐和媒体文化。CTM 音乐节的独特历史视角和对社会问题的关注，使它有别于其他常规音乐节活动。《摩登天空》杂志拜访了 CTM 在柏林的工作室，与来自 CTM 策展人詹姆斯·伯恩（James Burn）探讨了音乐、艺术与城市的关系等问题。

TURMOIL
"动荡"海报
CTM 2018

CTM FESTIVAL FOR ADVENTUROUS MUSIC & ART

CTM 音乐节 音乐与艺术在柏林的冒险 ——专访 CTM 策展人詹姆斯·伯恩

采访_幺蛾　**翻译**_小王　**供图**_CTM

CTM 音乐节的创始人想要把音乐和艺术汇集到一起。他们当时在柏林的俱乐部工作，所以他们跟音乐圈子有很多接触。也是因为一些其他音乐节的启发，他们决定自己着手举办自己的音乐节。

团队创始人们有很强的创造力，而且有很强的政治认同，他们会支持他们认同的政治意见。

有人在搞实验音乐的时候，会有一种很天真的想法，就是你展示给观众有政治背景的音乐实验，就能改变世界（笑）。我们试图做的只是利用音乐去传达一些观点，让听众们有些思考。

FEAR ANGER LOVE
“恐惧 愤怒 爱”海报
CTM 2017

FEAR ANGER LOVE
“恐惧 愤怒 爱”海报
CTM 2017

这个音乐节最独特的地方在于，它就像一场关于音乐和艺术的冒险，你总会发现一些新的从未见过的东西。而且观众们都非常有趣。观众中有各种各样的人，有老的、有年轻的、有嬉皮士、有喜欢当代古典音乐的人……各种想来玩的人聚集到一块儿。

有个从纽约来的 DJ，在柏林待了一年，他说，在柏林，他可以确定自己是个艺术家。所以基本上可以说每个人都是艺术家。这儿真的有很多有趣的音乐和人。比如电子音乐家古德伦·古特（Gudrun Gut），我觉得她特别棒，她曾经为“倒塌新建筑”制作了很多特别棒的噪音。她现在还住在这儿，她有个乐队叫“疟疾！”（Malaria !）。

每年我们都会先确定：今年的主题是什么。你会想这一年世界上都发生了什么，我们能想到的印象最深的是什么。然后我们在主题里将它们反映出来。今年的主题是动荡（Turmoil），因为我们现在对世界的感觉正是这样。然后我们会想如何把主题反映在不同形式的音乐中。

这是一个公立的艺术节，所以我们主要从各种公立组织获得资金。我们在活动开始前就会把能拿到的资金确认好。

既有艺术家主动来联系我们，也有我们找上门去的时候。我们有很多计划，CTM 音乐节明年就是第二十届了，所以会有很多我们之前合作过的艺术家，他们有时候会联系我们说他们有新的项目，想要合作一下。还有一些机构也会联系我们。而且我们有一个主题，比如今年的“动荡”，我们想在不同的部分反映出来，有很多细小的层面，我们会看哪些艺术家适合这个层面。

柏林其实很不像德国，它和其他的德国城市不大一样，它很国际化，各种各样的人都会来这里。我一个朋友最近说他去做心理治疗，他的心理医生跟他说柏林到处是神经质的人。反正柏林有全世界各种奇奇怪怪的人就是了。

我觉得音乐是一种语言，音乐家们能起到一种榜样作用。所以我觉得音乐和政治之间有很强的联系。

柏林对我来说就像家。

柏林最有趣的人当然是我的伴侣。如果她是个无趣的人，我是不会和她结婚的（笑）。

很多人觉得柏林有着疯狂的历史，被分为东西两部分、柏林墙、柏林墙倒塌。不同的人来到这里并且开始建构一些东西。他们在废墟上创造了一些从未有过的、独一无二的东西。

我在加入 CTM 音乐节之前是在一家俱乐部工作。那个俱乐部特别有意思，它在一个快被拆掉的木制建筑里面。这个俱乐部搬了进去，然后又搬到城里，然后被邀请去了一些音乐节等等。后来我又做了很多各种各样的的工作。当然啦，在来这儿之前我最喜欢的工作还是当个音乐人。

SVEN M.

Hansa Studios

Tildo 22.05.'19

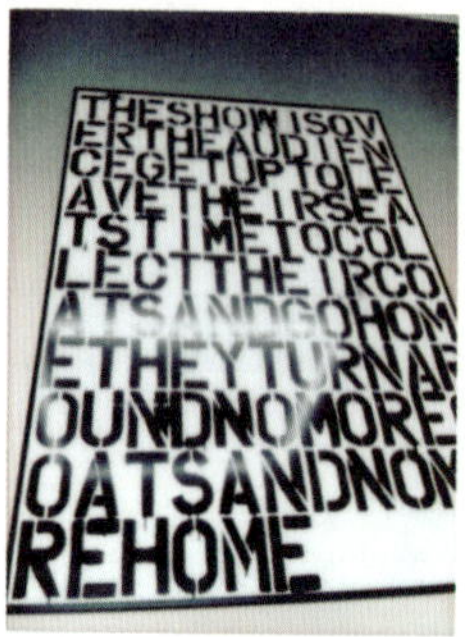

25.03.18
PASCAL FEUCHER
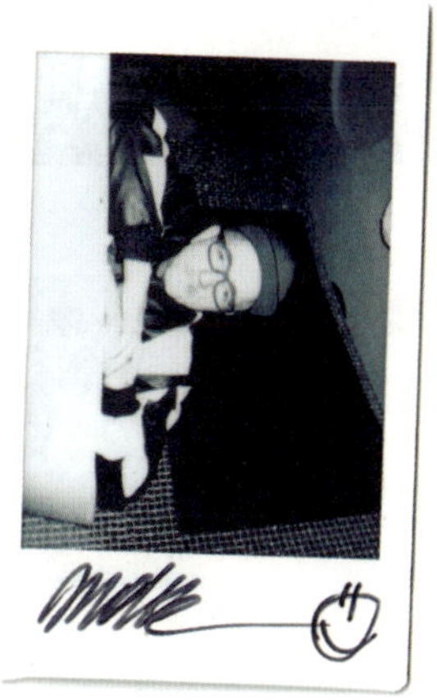
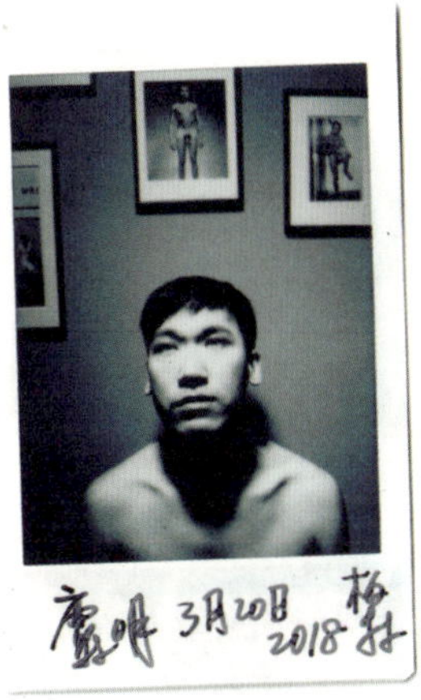
3月20日
2018

19.3.18

DANE CLOSE +
L.ZYLBERBERG

VIVIANA ARUGA

MARIO RUEDA

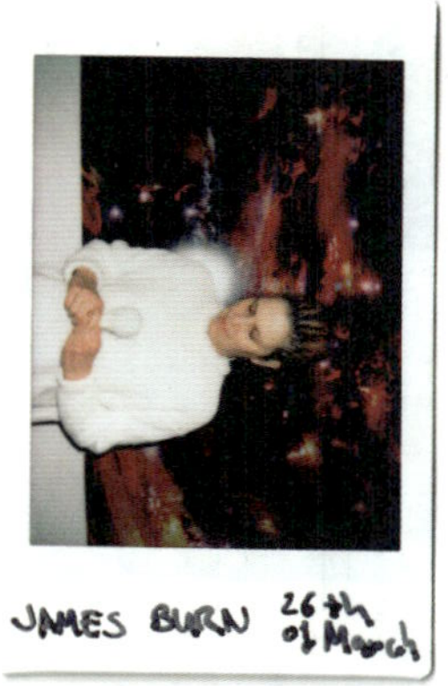
JAMES BURN 26th of March

Anto Christ.

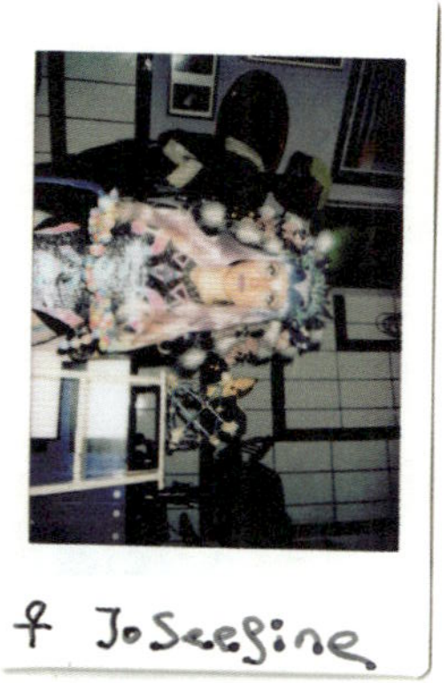

Cassandre

Eve Geist

RAKI

MAT TAM

L. ZYLBERBERG
DANE CLOSE

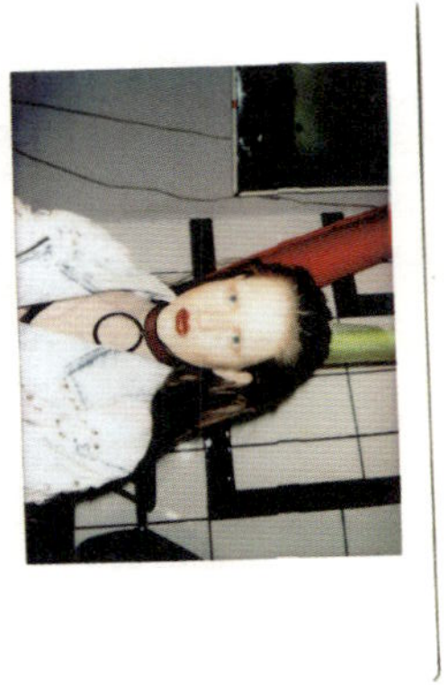

BIBGUL
RUBBISHFAIRY

PART 1

《Drink》
赌鬼乐队 MV
拍摄现场花絮照

赌鬼乐队
2018 年“只要你过得比我好”
巡演宣传片拍摄现场花絮照

Drink（喝）

究竟什么是中国摇滚乐？现在，一支即将进军金马奖、疯狂迷恋上表演艺术的北京摇滚乐队又再创力作，一口气模仿了以上 6 个摇滚重镇的代表乐队。

是的，Casino Demon 新单曲“Drink”和同时释放出的这支魔性 MV，是 3 位五道营影帝对中国摇滚乐的一次独特致敬。就像刘耗深夜喝多了之后清醒地说：

“我们向全国为独立音乐做出贡献的老师们、朋友们，致以崇高的敬意。其实也是结合着我们这次巡演，虽然有些城市没有涉及，但并不代表我们不喜欢。我们找了几个城市里比较典型的乐队，比如像顶马，虽然已经解散了，我们依然觉得陆晨很牛逼。梅二虽然不玩顶马了，但他一直致力于做独立音乐，做朋克摇滚，他自己也有新的乐队反狗，我们对这些人表示致敬，我们觉得他们很牛逼。”

只要你过得比我好

2068 年的北京，五道营胡同依然没有什么变化。此时，Casino Demon（赌鬼）乐队已经解散多年。关铮已经不再是年轻时候的万人迷，王梓身体还很硬朗，而刘耗，则变成了老年痴呆患者。这是 Casino Demon 乐队同名专辑 2018 年“只要你过得比我好”巡演宣传片里所讲述的故事。

这个故事，是我们在 School 酒吧一拍脑袋临时想出来的。原来想“玩一点儿搞笑的”，时空穿越到未来，讲述几个人就算白发苍苍也要走一圈巡演的热血故事。

实际上的情况却是这样：拍摄到一半，乐队经纪人哈哈就开始蹲在角落里一言不发，在一旁看着他们围坐在象棋桌旁，红着眼眶擦着眼泪自言自语：“他们要是真成这样了怎么办啊？”隔了一秒，又摆摆手说：“不会不会，还早着呢。”

CAMERAS DON'T LIE

镜头不撒谎

编导 / 撰文 _ 木小瓷 CiCi
摄影 / 剪辑 _ 秀云 Kromo / 曹维 Allen / 贺老六 6
实习生 _ 胡志明 Roman / 梁婷

马頔从不喝酒，宋冬野尊重食物，尧十三要泡妞，刘东明和尧子快睡着了……

麻油叶 6 周年了。6 年，等于一个青春期少年的整个中学时代。也还有一年，就到了七年之痒的坎儿。

6 周年的主题依然沿袭了之前“不”的套路，“6 不 6”，一个紧贴潮流、与时俱进的主题。我们用了 4 天的跟拍，从麻油叶的两天排练，到两天演出的台前幕后，记录下了这些曾经一起做过的白日梦似乎如今都实现了的可爱的人。

曾经马頔玩《王者荣耀》骂街被禁了 3 个小时，而他“吃鸡”的账号名字就叫马頔。排练的时候，尧十三随身揣着一包芒果干。冬野一下午吃了 5 个驴肉火烧又喝了两碗汤，并且语重心长地教导我们“吃饭要尊重食物”。

尧十三想考研，于是报考了天体物理学。宋冬野问他这是看上哪个研究生小姑娘了，但是尧十三并没有回答。排练和演出的时候，他拎着一个蓝色的“月嫂培训”的袋子，装着他可爱的效果器。

麻油叶 6 周年演出的第二天：梁龙跳水了，朴树哭了，马頔没唱《南山南》，宋冬野没唱《董小姐》并且还在台上摔了一跤。

最后，用马頔的话说就是：“一切都特别好。”

“渣男”鬼卞

有人说鬼卞是说唱界的诗人，但是他自己说：“我是诗，不是人。”

《花样年华》里撩人的英文能让人循环一整夜失眠到天亮。《喜欢你诱惑我的样子》里唱“雪茄燃完三分之一没法再忍受，大腿留下三分之一无可救药”，被感叹“文化人真是污出了诗意”。

他有很多个样子。风流、浪荡、多情、狠毒、凛冽。用别人的话说是“斯文败类”，用他的话说是“坦坦荡荡的风流过客”。除此之外，也是“多愁善感的神经病”，“殡仪馆里的克里希那穆提”。看待很多东西悲观又苍凉，以为读懂了世间百态却又深陷其中。

鬼卞说他的微博现在已经开始掉粉了，但他几乎每个周末还是会有不间断的演出和广告拍摄，永远瘦，永远在路上。这次，趁着《中国有嘻哈》巡演北京站的间隙，我们在冬至的这天，和他聊了一下近况。

整个采访视频分上下两集，上集《鬼卞：我没有干过坏事》，下集《渣男鬼卞》。一半聊创作，一半聊生活。我敢保证，这是一个不会让任何人失望的采访视频。

到现在，已经不想再用什么词来形容或者界定鬼卞，总之是个迷人的大反派就对了。总之，同甘共苦。

PART 2

接下来会有更多专题视频栏目
请关注摩登天空杂志公众号：
ModernskyMag

扫码观看摩登天空杂志视频

草莓现场：你有性生活吗？

广州，总是要玩点儿狠的。广州作为“孤独巡游者”的最后一站，我们在现场，问了现场乐迷们一个直击心灵的问题：“你有性生活吗？”

关于这个话题的讨论似乎经久不衰，然而在这样一个公众场合下。和性相关，或者说能让人性欲高涨的音乐从来都不在少数。性与摇滚乐始终也有着说不清道不明的千丝万缕牵连。冰岛乐队 Bang Gang 自己都曾经说过自己的第一张专辑“ You ”（你）是适合做爱时听的音乐。

现在的年轻人的性生活状况是怎样的？他们做爱时听歌吗？我们在广州草莓现场，和乐迷们聊了一下他们的性生活现状；最糟糕和最愉悦的性经历、他们的性幻想对象、做爱时听的歌，以及那些能激发他们性欲的歌。

但有人喜欢听 The XX（叉叉乐团）做爱，有人喜欢听 Sigur ros（西格罗斯）做爱，有人喜欢听康士坦的变化球做爱，有人喜欢听后朋克，“快乐小分队”那些越丧的歌越让人想做点儿高兴的事。还有位乐迷自己列了一个歌单，专门在做爱的时候听……

下了两天雨的广州，主舞台前面的积水已经能没过脚踝了，地上的木板也浮了起来。就连官方摄影师灰色都用简单的一个“惨”来形容第一天的拍摄：“从来没觉得按快门有那么困难。”

感谢在这样的天气里还在现场穿着雨衣鞋套玩泥巴的乐迷朋友们，或许这次我们的话题还是有点儿对不起你们，但是我们相信：明年会更好。

Zero（零）

在这个盛大的 20 周年派对上，到底发生了什么事呢？我们用镜头记录了这一切。

摩登天空 20 岁了。沈黎晖说：“如果非要对 20 年说什么……那就让这一切都归零吧！”

ZERO（零）是这场派对的主题，也是摩登天空对未来的古怪诠释。20 岁的摩登，一切从 ZERO 开始。跨界、推新、实验、极致、疯狂将重新成为我们的基本属性。艺术、时尚、科技……我们脑中一切关于疯狂与创造的事物，都将从 ZERO 开启。

全场最吸睛的造型都来自 MODERNSKY LAB 服饰系列，我们尝试将服装道具、场景装置和行为表演的编排结合，探索新世代的青年文化。此外，摩登天空旗下的视觉品牌 “MVM design label _”，为这次派对制造了一场新的视觉 + 声音的艺术风暴。签约艺术家 PINK MONEY、合作艺术家田晓磊均在现场带来自己的艺术作品。

值得一提的是，这次派对的所有海报都由丝网印刷印制。除了音乐行业，20 年前，摩登天空也起步于印刷业。这是一次回归，也是一次致敬。

PART 3

乔迁之喜

这是一次突如其来的拍摄。起源于一个突如其来的事件。

2017 年 11 月，北京市开展了安全隐患大排查、大清理和大整治活动，26 日周日早上，导演 Allen 赶往顺义某文化创业园，选择了一位在该园区租赁工作间做手工皮具的“本地人”刘师尧作为这次纪录片的拍摄对象，想要借此记录整个事件。

只要车轮还在转，铁路还在铺，机场还在新建，我们就会为生存而迁徙，因为我们本身同动物无异。其实，Allen 也有个梦想，想在北京赚够钱回青城山，在青城山有个房子。

最后，祝观影愉快，也祝 Allen 梦想成真。

簋街江湖

就像任何地方一样，簋街也是有规则的。

梅珊是簋街“金簋小山城”餐厅的驻唱歌手。说是驻唱，实际上是“流动地歌唱”。

在簋街，大概有十五六个像梅珊这样的歌手。簋街的歌手是一个独特的群体。跟每个人的交流方式都不一样，它的游戏规则其实也很简单：“我先进来唱了，你想来就要等我唱完。”

我们用了两个晚上，拍摄了这部《簋街唱游》的短片，也是梅珊的大部分日常。拍摄那两天，北京一直在下雨，晚上的簋街也略显凄凉，我们遇见有人大谈特谈海尔兄弟“太牛逼了，中国第一 Trap”，有喝多了对着窗外卖花的阿姨指手画脚的客人，门口路上有拉着气球走在雨里的中年人。

梅珊不熟《漂洋过海来看你》怎么唱，于是被客人赶走了。也用一首《蓝莲花》把客人唱哭了，被深夜餐厅里最后一桌客人拉着喝了半晚上的酒，唱了至少 10 首歌。

拍摄的间隙，梅珊半开玩笑半认真地问我：你要不要给我介绍个女朋友？

我说，好啊。

MODERN SKY

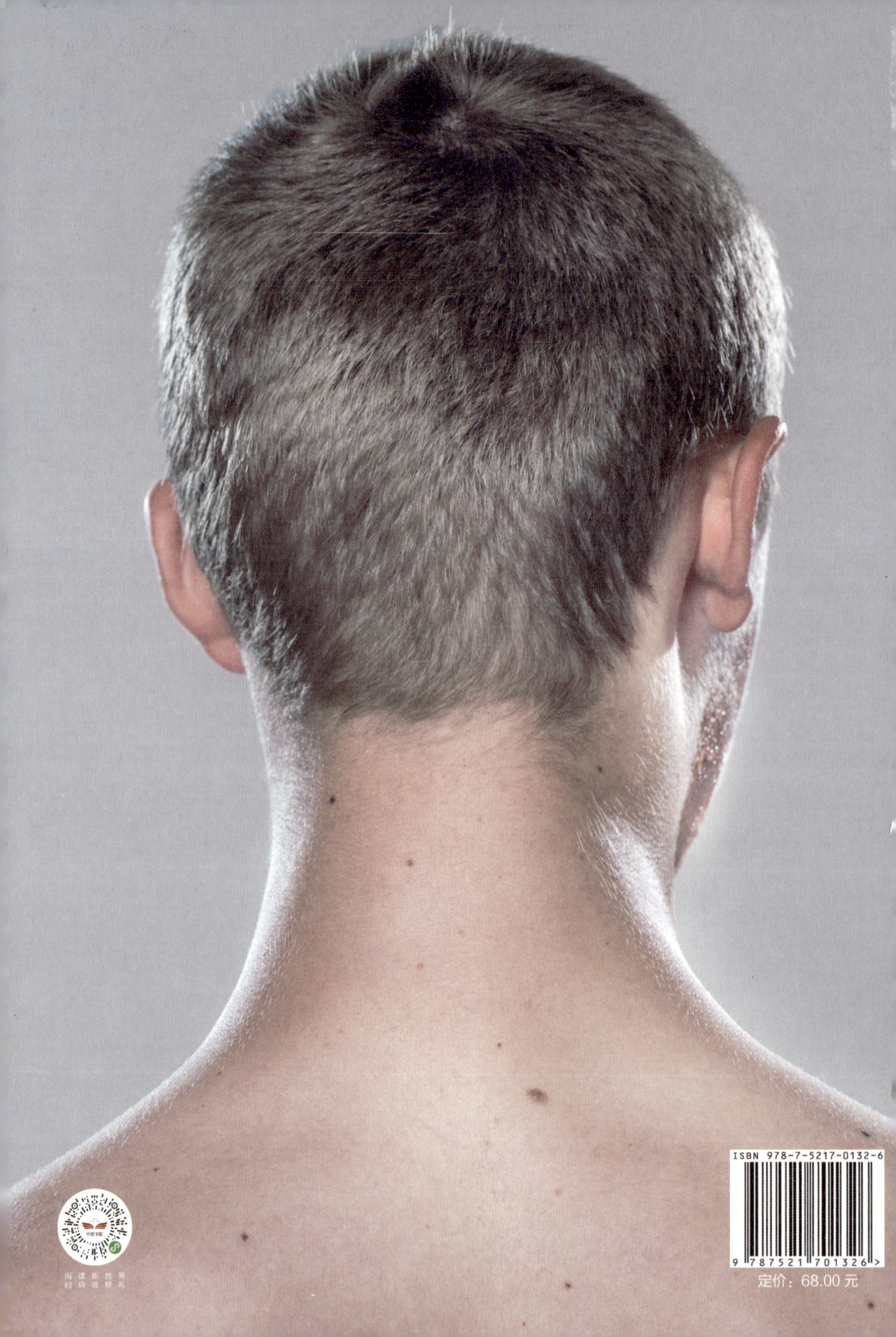

ISBN 978-7-5217-0132-6
9 787521 701326 >
定价：68.00元